다문화가족의 이해

다문화가족의 이해

김윤배 저

동문사

머리말

현재 우리나라는 고령화와 저출산으로 다양한 인구변화를 경험하고 있다. 그리고 매우 빠른 속도로 다문화사회로 진입하고 있다. 세계화, 정보화, 정보통신의 발달로 인해 국제환경이 급격하게 변화되고 문화, 사회, 경제 등의 다양한 교류가 증가하고 있다. 언제든지 외국에 있는 사람에게 연락을 할 수 있으며, 외국의 소식을 집에서 편안하게 확인할 수 있는 사회이다. 단일민족을 외쳤던 사회에서 다문화사회로 변화되었다고 생각한다.

세계화 시대의 다문화사회에서는 사회 구성원들이 민족, 언어, 인종, 종교, 장애, 성별 등 다양한 차이로 인해 개인과 집단이 차별받지 않도록 해야 한다. 단순한 문화 간 이해 증진을 넘어 다양성을 핵심가치로 수용하여 문제를 해결하고 공존과 협력이 이루어져야 한다. 이와 함께 다문화사회에 살고 있는 다문화가족에 대한 이해도 함께 이루어져야 한다. 가족은 사회 공통의 행동 특징과 문화 규범을 습득시키는 사회화 과정의 기본 집단이자 사회를 존속시키는 기본단위이다. 가족을 이해하지 못하고 사회에 대해 이야기하는 것은 어려움이 있다.

우리나라는 여성결혼이민자와 한국남성을 중심으로 이루어진 다문화가족이 대다수를 차지하고 있다. 다문화가족에서 자녀들이 태어나고 성장하고 있으며, 2021년도 기준 전체 학생 수 대비 3%를 차지할 정도로 지속적으로 증가하고 있다. 앞으로 우리나라에서 함께 살아갈 다문화가족이며, 다문화가족의 자녀들이다.

다문화사회에 관한 책, 다문화복지에 대한 책은 많이 있으나 다문화사회의 기초적인 다문화가족에 관한 책은 쉽게 찾기 어렵다. 이 책은 여성결혼이민자와 한국남성을 중심으로 이루어진 다문화가족을 개괄적으로 이해할 수 있는 자료로 활용하고자 한다. 많은 부분이 브족하고 수정이 필요로 하다. 지속적인 연구를 통해 지속적으로 보완하겠다.

이 책을 출간하기 위해 많은 학자와 연구자들의 자료를 활용하였으며, 선행 연구를 하신 연구자에게 감사를 드린다. 특히, 2021년 다문화가족실태조사는 다문화가족의 상황을 이해하는 데 큰 도움이 되었다. 앞으로 다문화가족에 대해 더 많은 연구를 실시할 것이다. 끝으로, 새로운 도전에 직면하고 있는 상황에도 늘 옆에 있는 가족과 동료 교수님 그리고 책 출판을 위해 수고를 아끼지 않으신 동문사 이중수 사장님과 관계자 여러분께 감사를 표하고자 한다.

2023년 3월

김윤배

차례

01

문화의 이해

1) 문화의 개념

문화는 자연을 가꾸어 새로운 것을 만드는 행위 또는 산물을 의미한다. 오랜 시간 동안 이동을 하는 유목 생활에서 정착하고 농경생활을 시작할 때부터 형성되기 시작했다. 원시적인 생활에 만족하지 않고 각종 도구를 사용하여 자연을 변형하고 개량하여 만들어진 인간적 세계가 문화이다. '문화'를 한자로 쓰면 '文化'이다. 글월(꾸밀) 문(文), 화할(될) 화(化)이다. 영어로 'culture'이며 '밭을 경작하다'라는 뜻의 라틴어 'cultus'가 어원이다. '신체를 훈련하다' 등을 의미하는 라틴어 colo에서 유래한 것이다. 인간이 자연을 이용하는 과정 중에서 만들어 낸 물질적·정신적 산물을 포함하여 인간의 모든 생활양식을 포괄하는 개념으로 봤다. 사전적 의미로 자연 상태에서 벗어나 삶을 풍요롭고 편리하고 아름답게 만들어 가고자 사회구성원에 의해 습득, 공유, 전달이 되는 행동 양식 또는 생활양식의 과정이다. 그 과정에서 이룩해 낸 물질적, 정신적 행동의 결과를 통틀어 이르는 말이다. 의식주를 비롯하여 언어, 풍습, 도덕, 종교, 학문, 예술 및 각종 제도 따위를 므두 포함한다(다음사전, 2023).

문화는 세대에서 세대로 지속되고 보존되어야 의미 있는 것이기 때문에 일정한 문화적 공간이 확보되어야만 수립될 수 있다. 자연으로부터 경계 지어진 문화는 점차 '가치적인' 의미에서도 경작된다. 인간은 사회공동체 속에서 좋은, 올바른, 아름다운, 존경받는 여러 제도, 관습, 의식, 작품 등을 가꾸고 유지시켜 나간다. 여기서 인간 자신이 경작되어야 할 필요가 생기는 것이다. 문화는 점차 물질적인 부분보다 정신적인 부분으로 정착되고 있다(김보기 외, 2016). 또한, 문화는 개인들에게 의식주를 포함하여 사회생활의 적응에 필요한 일련의 생활양식을 제공하고, 가치 · 규범 · 신앙 등 일련의 관념체계를 통해 사회가 필요로 하는 자아와 인성을 형성하는 기능을 한다.

자신이 속한 사회의 문화를 습득해가는 과정을 '문화화'라고 한다. 이처럼 문화를 습득해가는 과정은 동시에 인간이 자신이 태어난 사회 속에서 살아가면서 다양한 사회적 규범, 규칙, 행동양식들을 습득하는 과정, 즉 '사회화' 과정이기도 하다. 이런 점에서 문화화와 사회화는 같은 의미를 지닌다고 할 수 있다. 다만, 사회화가 사회적 상호작용의 관계와 과정에 주목한다면, 문화화는 그 내용과 결과에 조금 더 집중한다.

2) 문화의 특성

문화는 다양한 형태로 존재하지만 공통적인 특성을 가지고 있다. 문화의 특성을 크게 여섯 가지로 나눌 수 있다(김보기 외, 2020; 정태석 외, 2014; 임신웅, 2020).

첫째, 문화는 인간의 산물이다. 모든 문화는 이미 존재하는 자연과 관련이 있다. 하지만 자연 있는 그대로가 문화는 아니다. 인간은 세상을 살아가면서 자연을 탐구하고 활용하여 다양한 산물을 만들어낸다. 이것이 대표적인 '문화'이다

둘째, 문화는 다양성을 가진다. 각 시대와 공동체마다 삶의 터전이 되는 자연환경, 가치관, 문명과 정보통신의 발달, 정치적 · 경제적 · 종교적인 요소 등에 따라 다양하고 독특한 문화를 가지고 있는데, 이를

우열이 아니라 다양성으로 이해해야 한다. 보편적 문화요소들도 구체적인 모습에서는 다양성을 띠고 있다. 예를 들어, 근친상간의 금기는 그 범위가 나라마다 다르다. 일부 나라에서는 사촌 간의 결혼이 허용되지만, 한국에서는 동성동본의 결혼을 금지하는 풍습이 오랫동안 지속되었다. 춤이나 예술의 구체적 형태도 아프리카와 유럽, 아시아가 서로 다르다. 나라마다 각각의 독특한 양식을 보여준다. 결혼형태도 일부일처제, 일부다처제, 일처다부제 등 다양한 제도가 존재한다. 이처럼 문화는 인간의 보편적 특성으로 공유하는 요소들이 존재하면서 또한 다양한 시대적·지역적 맥락에서 형성되기에 구체적 모습은 사회나 집단마다 다양성을 가질 수밖에 없다. 그래서 문화의 보편성과 다양성이 서로 모순적인 것 같다. 하지만 일반적인 수준에서는 문화의 보편성에 주목할 수도 있고, 구체적인 수준에서는 문화의 다양성에 주목할 수 있다(정태석 외, 2014).

셋째, 문화는 공유와 보편성을 가진다. 한 명의 개인적인 성향과 취향을 문화라고 하지는 않다. 여러 사람들이 함께 공유하는 것이 문화이다. 어떤 가치관이나 규범, 제도, 전통놀이, 관습, 예절, 음식, 의복 등 공동체를 이룬 사람들이 함께 인식하고 인정하며 지키고 즐기는 '한 사회의 주요한 행동양식과 상징체계'를 문화라고 한다. 이러한 문화의 '공유 속성'은 사회구성원들이 자신의 삶과 행동을 결정하는 데 매우 중요한 영향을 끼친다. 사회공동체는 이러한 문화의 공유를 통해서 구속력과 결속력을 가짐으로써 공동체의 질서를 유지해 간다(임신웅, 2020). 언어, 결혼, 가족, 종교 등은 어느 사회에나 존재하는 것들이다. 이처럼 모든 인류가 문화를 공유하는 특성을 문화의 '보편성'이라고 말한다. 예술, 춤, 노래 등도 보편적인 문화형태 중 하나이다.

넷째, 문화는 일정한 과정을 거쳐서 변화되어 간다. 어느 한 시대에 생성된 문화는 사회구성원들에게 학습되고 공유된다. 그러는 사이에 일정한 틀을 갖추어 양식화되고, 오랜 세월을 거쳐 전통이 되기도 한다. 이러한 일정한 과정을 거치는 동안 각 문화들은 약간 다른 형태로 변형, 쇠퇴, 소멸되기도 한다.

다섯째, 문화는 학습되고 축적된다. 문화는 복사하듯이 '있는 그대로' 전승되지는 않는다. 모든 문화는 다음 세대로 전승되어 가면서, 그들이 가진 새로운 삶의 방식들이 더해져서 그 내용이 점점 복잡해지고 다양해진다. 문화가 공유되는 것이라고 해서 유전적으로 물려받은 생물학적인 특징을 문화라고 하지 않는다. 문화는 인간의 상호작용을 통해 학습된 것이어야 한다. 미국에서 태어났다고 하여 영어를 체질적으로 잘 할 수 있는 것은 아니다. 또 몽골 지방에서 태어났다고 해서 다른 지역 사람보다 생물학적으로 수렵을 잘 할 수 있는 선천적 체질을 갖고 있는 것은 아니다. 단지, 그 사회에 맞도록 사회화를 통해 영어를 잘하게 되고, 수렵에 능하게 된 것이다. 문화는 학습과정을 통해 한 세대에서 다음 세대로 전승되는 축적적인 특징을 가지고 있다.

여섯째, 각 문화들이 유기적으로 통합되어 공동체의 특성을 규정짓는다. 특정한 공동체 안에서만 해당되는 것이 아니다. 세계 전체의 문화들이 빈번하게 접촉하며, 상호 밀접한 관련을 맺어서 시대의 특성을 규정짓는 독특한 문화가 된다. 이에 따라, 문화의 어느 한 부분에 변동이 생기면 다른 문화에도 영향을 주어 변동이 일어난다. 여러 상이한 부분들로 구성되어 있는 문화는 하나의 복합적 총체이다. 즉, 문화를 이루고 있는 각 부분들은 통합되어 있으며 연결되어 있다. 이러한 이유로 한 부분이 변화하면 필연적으로 다른 부분도 변화하거나 수정된다. 문화의 한 부분이나 단편적인 몇 개의 부분만을 가지고는 전체 체계를 이해할 수 없게 된다(양춘 외, 1990).

3) 문화를 이해하는 관점

관점은 바라보는 방향이나 생각하는 입장으로 간단하게 정의할 수 있다. 문화를 바라보는 방향이나 이해하는 관점은 크게 세 가지로 총체론적 관점, 상대론적 관점, 비교론적 관점으로 설명할 수 있다(안진숙, 2021; 교육부, 2016).

첫째, 총체론적 관점이다. 인간의 생활양식인 문화는 가족, 정치, 법률 등 다양한 영역이 연결되어 있으므로 문화현상을 이해하기 위해서는 그 사회의 전체적인 맥락에서 다른 문화 요소들과의 상호 연관성을 파악하여 폭넓게 이해해야 한다.

둘째, 상대론적 관점은 문화를 이해하고 다양성을 존중하는 것에 주안점을 둔다. 한 사회의 문화를 이해하기 위해서 그 사회의 특수한 환경과 상황, 역사적 맥락을 고려해야 한다. 그 사회구성원들의 입장에서 문화를 봐야 하며, 어떤 절대적 기준으로 평가해서는 안 된다는 관점이다. 이와 같은 관점은 타문화에 대한 편견과 선입견을 없애야 올바로 문화를 이해할 수 있다고 보기 때문이다.

셋째, 비교론적 관점은 한 사회의 문화가 지닌 특수성과 보편성을 타문화와 비교하여 파악하려는 태도이다. 이것은 문화가 보편성과 특수성을 동시에 지니고 있음을 전제로 하며, 이를 통해 자신의 속한 문화의 특징을 이해할 수 있고 문화에 대한 객관적인 이해가 가능하다.

4) 문화의 다양한 변화

문화는 인간이 자연환경을 벗어나거나 새롭게 만들어 사회구성원에 의해 습득, 공유, 전달되는 모든 행동과 생활양식이다. 하나의 사진처럼 한순간에 정지된 것도 아니며 똑같은 행동과 생활을 반복만 하는 것도 아니다. 문화는 다양하게 변화와 마주한다. 문화의 다양한 변화를 문화접촉, 문화변용, 문화적용, 문화변동, 문화지체, 문화의 역동성으로 설명할 수 있다(김보기 외, 2020).

(1) 문화접촉

서로 다른 문화적 배경을 가진 인구 집단들이 만나게 되는 상황을 문화접촉이라 한다. 접촉은 직접 접촉과 간접 접촉으로 나눌 수 있다. 직접 접촉은 지리적 이주에 의한 문화의 접촉 혹은 신체의 물리적 이동이나 대면적 만남 등을 의미한다. 대표적 예로 이주노동자, 결혼이민자, 외국 유학생 등이 한국으로 이주 및 정주하는 경우이다. 간접 접촉은 직접적 지리 이동 없이 외국 문헌의 전달, TV, 영화 등 문화적 매체의 교류 등이 있다(최명민 외, 2015).

(2) 문화변용

문화변용이란 하나의 문화가 다른 문화와 접촉하는 과정에서 어느 한쪽 또는 양쪽의 문화에 모습이나 형태가 바뀌는 현상을 말한다. 문화변용을 이주, 식민지화 혹은 다른 형태의 문화적 교류의 결과로 보는 경향이 있다. 한 가지 문화적 맥락에 익숙해진 개인이 어떻게 새로운 문화적 맥락에 적응하는가를 설명한다. 문화변용의 고전적 정의에 따르면, '변용'은 이주민과 토착민 중 어느 한쪽만의 사안일 수도 있고 양쪽 모두에 관련될 것일 수 있다(Redfield et al., 1936; 김보기 외, 2020). 문화적 변화는 양쪽 모두에서도 일어날 수 있는 것이다. 그러나 실제로 문화변용은 어느 한 집단에 더 많은 변화를 유도하는 경향이 있다(최명민 외, 2015). 문화변용의 과정은 문화적 다원성을 전제한다. 즉, 여러 다양한 문화적 배경을 가진 사람들이 한 사회로 들어와서 함께 살고 있는 다문화사회에 기반을 둔다. 이러한 다원적 사회어서는 집단 사이에서 사회적 힘의 차이가 존재한다. 이러한 힘의 차이에 의거하여 주류집단과 소수자집단으로 나누어진다. 예를 들어, 이민국가인 미국에서 주류집단은 백인 코카스 인종의 유럽 이민자들이 될 것이며, 소수자집단은 그 외의 인종 혹은 민족집단이 될 것이다(Berry & Sam, 1997). 다문화사회로의 진입 초기에 있다고 보이는 한국에서는 한국인 외의 대규모 민족·인종 집단은 존재하지 않는다. 하지만, 동남아시아권의 이주노동자 집단 혹은 결혼이주자 집단 등이 문화적 소수자 혹은 비우세 집단이 될 수 있다.

(3) 문화적용

문화적용은 문화변용을 경험하는 사람들이 일정 시간이 지난 후 새로운 문화에 어느 정도 익숙하게 되는 것을 의미한다. 크게 심리적 적용과 사회문화적 적용으로 구분하기도 한다. 심리적 적용은 일련의 내적 심리적 결과를 말하는 것으로서, 인성적·문화적 정체성의 명확한 감각을 갖추게 되는 것, 건전한 정신건강 상태, 새로운 문화에 개인적 만족을 얻게 되는 것 등을 포함한다. 사회문화적 적용은 외적 심리적 결과로서 일상적 문제, 특히 가족생활, 직장, 학교 등에서의 문제를 처리할 능력을 갖게 되는 것을 말한다. 그리고 심리적 적응은 스트레스와 정신병리적 접근에서 가장 잘 분석되는 반면, 사회문화적 적용은 사회기술의 유형과 더 가깝게 연관되어 있다(최명민 외, 2015; 김보기 외, 2020).

(4) 문화변동

일정한 사회의 통합된 문화체계가 부분적으로 혹은 전체적으로 중요한 변화를 맞는 경우, 문화가 변동 혹은 변화했다고 말한다. 단일한 문화요소에 변화가 생겼을 경우에는 문화변동이라고 보기 어렵고, 일정 규모의 문화 전체 혹은 부분에 관계되는 변화를 일컬어 문화변동이라고 한다. 그러나 문화의 중요 요소라면 전체 혹은 부분에 영향을 미치기 때문에, 한두 개의 중요 요소에 변화가 생기면 문화 전체에 얼마간의 동요가 발생하는 것을 볼 수 있다. 장기간에 걸쳐서 서서히 변화하는 인간의 생물학적 특성과는 달리, 인간 사회의 문화적 특성들은 빠르게 변화하고 있다. 변동의 속도와 성격은 모든 사회에서 똑같이 나타나는 것이 아니라 다양한 양상을 보인다. 모든 문화는 고정불변한 것이 아니며, 일정한 과정을 거쳐 끊임없이 변화되어 간다. 문화변동이 일어나는 요인은 자연환경의 변화, 문명의 변화, 정치적인 변화, 이주와 세계화가 있다(임신웅, 2020).

(5) 문화지체

문화지체는 급속히 발전하는 물질문화와 비교적 완만하게 변하는 비물질문화 간에 변동속도의 차이에서 생겨나는 사회적 부조화를 말한다. 물질문화의 급속한 변동에 비해 비물질문화의 완만한 변화가 상대적으로 뒤처지는 현상이다. 문화를 포괄적인 의미로 이해할 경우, 문화를 물질문화와 정신문화로 구분하여 양자가 서로 맞게 대응하거나 양자가 서로 맞지 않는 현실을 설명할 수 있다. 물질적인 영역의 변화는 앞서가는 데 비해, 가치관의 변화가 이를 따르지 못하는 현상을 문화지체라고 부른다(정태석 외, 2014).

한 사회의 문화는 물질적인 것과 비물질적인 것을 모두 포함하고 있다. 문화변동의 속도와 관련해서 본다면 이 두 가지 영역이 밀접한 관계를 유지하면서 함께 변하는 것이 가장 이상적이나, 실제로는 물질적인 영역에서의 변화가 앞서기 때문에, 정치 · 경제 · 종교 · 윤리 · 행동양식 등 이와 관련된 여러 가지 제도나 가치관의 변화가 이를 따르지 못하는 경우가 많다. 이처럼 비물질문화가 물질문화변동 속도를 따라가지 못할 때 심각한 사회적 부조화현상이 야기된다. 예를 들어, 현대의 도시문명은 과학기술의 발달에 기초하고 있다. 그러나 그 속에서 살고 있는 사람들의 의식은 여전히 전통적인 농경생활 수준에 머물러 있다면 심각한 사회적 부조화 현상이 일어날 것이다. 또한 차량의 수와 에너지의 소비량이 기하급수적으로 증가하지만, 다른 한편으로는 교통질서에 대한 의식이 약하고, 환경오염에 대한 경각심이 부족하며, 생태계 보전을 위한 노력이 결여된 소비문화가 여전히 도시 사람들의 의식을 지배하는 등 전통사회에서의 의식수준에 머물러 있다면, 이런 문화지체 현상과 함께 도시는 정상적으로 기능하기 어렵다. 이와 같은 불일치는 문화지체이다.

(6) 문화의 역동성

문화는 사회의 일상적인 생활을 포함한 모든 생활방식으로서 인간의 행동에 영향을 미치는 상위체계이다. 인간은 특정한 사회환경 속에서 태어나 그 사회가 가지고 있는 다양한 문화를 배우면서 사회구성원으로 사회화되며, 사회의 문화에 영향을 미친다. 인간은 개개인의 독특하게 문화를 지니고 있는 사회적 존재로서 문화에 적응하면서 살아가며 문화를 다양하게 변화시킨다. 문화는 전체 사회 속에 존재하는 개인, 집단, 조직 그리고 지역사회에 영향을 미치는 거시체계로써, 세대 간에 전승되면서 직접·간접적으로 사회의 모든 성원들에게 영향을 미친다.

문화는 가장 작고 기본적인 요소인 문화특질로 나누어진다. 특질은 다른 것과 구별되는 성질이나 기질을 의미하는 것이다. 특질들이 모여 복합적인 형태인 문화복합을 이루고, 다양한 하위문화들이 모여 전체 문화를 구성하고 있다. 문화의 역동성은 문화가 고정되어 존재하는 것이 아니라, 특정 문화 내에서뿐만 아니라, 문화 간 움직임이 매우 강하게 이루어지고 있음을 의미한다. 문화는 시간의 흐름으로부터 영향을 받아 새로운 문제를 제기하며, 이 새로운 문제는 변화된 행동과 신념에 적응해야 하기 때문에 역동적일 수밖에 없다. 이런 맥락에서 문화는 모든 것을 시간 속에서 익숙하게 만들고, 문화가 동반하고 있는 엄청난 물질적 성장과 이윤의 잠재력을 선도하기도 한다(최옥채 외, 2015). 지역사회는 주민이라는 측면에서 역동성을 띠게 되는데, 사회를 구성하고 있는 지리적 공간, 생활공간, 주민, 조직, 상호작용 등이 지역사회가 추구하고자 하는 목표를 달성하기 위해 움직이는 상태를 의미한다. 모든 지역사회는 지역사회의 구성요소들이 서로 다양한 수준과 방법으로 순환하면서 영향을 주고받는다. 사회는 다수의 상호 연관적이고 상호의존적인 부분들, 즉 경제, 종교, 가족 등으로 구성되면서 동시에 각 부분들은 전체가 성공적인 기능을 발휘할 수 있도록 기여한다는 것이다(장수한 외, 2017).

5) 문화에 대한 접근 태도

문화를 논리적으로 이해하기 위해서는 일관성 있는 인식과 행동의 원칙으로 접근할 필요성이 있다. 문화에 대한 접근 태도는 크게 네 가지로 자기민족중심주의, 문화 사대주의, 문화 상대주의, 문화 다원주의로 설명할 수 있다(이정환, 2010; 안진숙 외, 2021).

(1) 자기민족중심주의

자기민족중심주의는 자신의 문화가 타문화보다 우월하다고 생각하고 자신의 문화를 기준으로 타문화를 판단하고 평가하는 것을 말한다. 자기 민족이나 문화, 역사만을 우수한 것이라고 주장하고 대신에 타문화 및 인종, 종교 등을 비하하고 배척한다면 이를 자기민족중심주의 태도라고 말할 수 있다. 보통 자기민족중심주의는 상대적으로 전통 지향적이며 동질적이며 고립된 사회에서 쉽게 찾아볼 수 있다. 이런 사회의 사람들은 타문화와의 접촉이나 경험이 별로 없기 때문에 타문화가 지닌 문화의 독창성과 효용성, 문화의 형성 맥락을 이해하지 못하기 때문이다. 자기민족중심주의는 타문화의 독특성과 다양성을 인정하지 않는다는 측면에서 다양한 문화를 인정하는 문화적 상대주의와 반대되는 입장이다.

(2) 문화 사대주의

문화 사대주의는 자신의 문화를 경시하고 다른 문화를 무조건적으로 추종하며 동경하는 태도를 말한다. 특정한 외래문화를 숭상하고, 자신의 문화를 포함한 다른 문화들은 상대적으로 열등하다고 인식하고 행동하는 것이다. 문화 사대주의는 다른 사회의 문화 요소를 수용하는 데 도움이 된다는 긍정적인 측면이 있기는 하지만 자신의 문화 가치를 제대로 인정하지 않기 때문에 자신의 문화가 가진 고유성과 주체성을 발전시키는 데 어려움이 있다. 또한 무비판적으로 외래문화를 숭상하여 문화적으로 종속되는 결과를 초래할 수도 있다. 문화 사대주의는 다른 사회의 문화를 우월하게 여겨 숭상하고 그것을 기준으로 다른 문화를 판단하려고 하기 때문에 문화의 우열을 가릴 수 있다고 보는 시각이 강하다.

(3) 문화 상대주의

각 문화는 그 문화가 형성된 사회의 문화적 맥락으로 이해해야 한다는 태도나 믿음을 문화 상대주의라고 한다. 문화 상대주의 관점은 사람들이 자신의 문화를 기준으로 이질적인 타문화에 대해 이 세상 어떤 문화도 처음부터 좋거나 나쁘다고 말할 수 없고, 윤리적 판단을 유보하게 한다. 또한 비상식적이거나 익숙하지 않은 문화적 관행에 관해서도 관용과 존경을 가질 것을 제안한다. 보통 사람들은 다른 사회의 관습이나 가치, 규범, 행동을 자신이 속한 문화의 기준으로 평가한다. 평가에는 감정을 동반하기도 하면서 좋고 나쁨 또는 옳고 그름의 도덕적 의미까지 포함하고 있다. 이런 판단을 하는 행위를 제지하고 타문화에 관한 포용과 존중을 강조하는 태도가 문화 상대주의이다.

문화 상대주의는 문화를 독특한 환경과 사회적·역사적 맥락에서 이해해야 하며, 인간의 인식과 가치관은 문화에 따라서 다르고 다양하다고 보는 견해이다. 문화 상대주의의 등장 배경에는 서구 중심의 문화 이해 태도에 대한 비판적 반성이 깔려 있다. 문화 상대주의의 입장에 따르면 문화에는 어떠한 중심도 없으며, 어떠한 보편적 기준도 존재하지 않는다. 또한 각각의 문화는 특수성과 독자성을 가지고 있어 여러 개별 문화 사이에서 가치의 우열은 없다고 보는 것이다. 그러므로 각 집단의 특정한 문화를 이해하기 위해 관찰자의 관점이 아닌 문화 구성원의 관점으로 그들의 문화적 맥락에서 이해해야 하며, 정형화된 설명적·이론적 틀로 볼 것이 아니라 공감적 태도로 보아야 한다는 것이다.

(4) 문화 다원주의

문화 다원주의는 한 사회 내에서 다양한 민족과 인종이 똑같은 지위를 갖고 자신들의 고유한 문화와 정체성을 유지해야 한다는 입장을 말한다. 또한 공존과 타문화에 대한 존중을 전체 문화를 특징짓는 주요한 가치로 삼고 있다. 다양한 문화가 공존하면서 서로 다른 문화를 인정하고 수용한다는 점에서 문화 다원주의는 다문화주의와 유사한 개념으로 사용된다.

문화 다원주의는 주류가 존재한다는 전제하에 문화의 다양성 및 다원성을 인정한다. 이에 대한 다문화주의적 관점은 주류의 존재를 인정하지 않으며, 다양한 문화가 평등하게 인정되어야 한다고 보는 것이다. 즉, 다문화주의는 모든 구성원이 동등한 자격을 가졌다는 것을 전제로 하는 것에 대해, 문화 다원주의는 주류 문화를 형성하는 지배 사회를 인정하고 문화적 다양성을 수용하는 것이다. 예를 들면, 호주, 캐나다에서는 다문화주의를, 유럽이나 미국에서는 문화다원주의를 사회통합의 원리로 적용하고 있다.

1. 어떤 부분을 보면서 세대 간 문화 차이를 경험했는지 이야기해 주세요!

2. 본인이 선호하는 문화에 대한 접근 태도는 무엇이며, 그 이유에 관해 이야기해 주세요!

02

가족의 이해

1) 가족과 유사한 개념

가족과 유사한 개념으로는 가구, 친족, 집, 가정이 있다. 구체적인 내용을 보면 다음과 같다(유영주 외, 2009).

첫째, 가구란 거주와 가계를 같이하는 자 또는 독신으로 거주를 가지고 단독생활을 하는 자를 칭하는 용어로 결혼관계나 혈연관계 등을 전혀 고려하지 않고 주거하는 공간과 가계라는 경제적인 협력만을 기준으로 한 집단을 말한다.

둘째, 친족이란 시간이 경과함에 따라 가족이 확대되고 누적되어 형성되는 혈연 집단으로 혈족, 배우자, 인척을 규정하고 있다.

셋째, 집의 개념은 가족구성원과 이들이 생활하는 거주지나 건물, 생활공동체로서 가족이나 친척, 기타 동족까지 포함하는 경우가 있다. 물질적 측면에서 집은 한 가족이 생활을 영위하기 위해 필요한 모든 물질로서 그 집의 소유로 된 것의 총칭한다(김보름, 2012).

넷째, 가정의 개념은 인간이 출생하고 성장하면서 최초로 만나는 사회적 환경이며, 가족이라는 친밀한 인간관계를 통해 서로 애정적 신뢰, 위안과 존경 등과 같은 정서적이고 심리적인 만족을 얻을 수 있는 곳이다.

가정은 공간적인 의미와 더불어 그 속에서 가족들 간에 애정이나 신념을 주고받으며 정서적 만족감을 얻는 심리적인 분위기까지 포함하는 개념이다. 가족과 가정은 사회적인 단위로는 동일 개념으로 사용하나 사전적으로는 차이가 있다. 가정은 가족의 생활 공동체로써 환경적 의미를 내포하며, 가족은 가정이라는 공동체에 소속된 집단 또는 구성원의 개념으로 정의할 수 있다(김유경 외, 2012).

2) 가족의 개념

가족은 하나의 특정한 모습으로 고정되어 있지 않고 사회경제적 현상과 인구학적 변화에 따라 다양한 모습으로 변화해왔다. 한국사회도 도시화, 산업화, 여성 지위의 변화, 경제성장, 급격한 인구 전환에 따른 사회적 요인, 결혼, 부양, 자녀 등의 가족에 관한 가치관의 변화, 출산율 저하, 초혼연령의 상승, 수명증가 등 인구학적 요인들이 가족구조에 커다란 영향을 미치며 다양한 가족이 등장하고 있다. 가족에 대한 다양한 관점과 변화로 현대사회에서 가족을 쉽게 정의하기는 어렵다. 일반적으로 가족은 사회 공통의 행동 특징과 문화 규범을 습득시키는 사회화 과정을 담당하는 기본 집단이자 사회를 존속시키는 기본단위이다(김혜경 외, 2011). 가족은 혈연, 인연, 입양으로 연결된 일정 범위의 친족원으로 구성된 집단을 가리키는 가족학의 용어이다(한국민족문화대백과사전). 가족에서 혈연관계는 부모와 자녀관계를 기본으로 하고 그 확장을 포함한다. 예를 들어 조손 관계는 부모와 자녀 관계의 수직적 확장으로 볼 수 있고, 형제관계는 부모를 공유하는 수평적 확장이다. 인연 관계는 부부관계를 기본으로 하고 그 확장을 포함한다.

가족은 학자마다 다양하게 정의하고 있는데 고전적 정의와 현대적 정의로 나눌 수 있다. 고전적 의미는 공동 거주, 자녀의 존재, 사회적으로 인정되는 부부의 성적 관계와 경제적인 협력을 공통적으로 강조한다. 즉, 가족이 혼인관계의 부모와 자녀관계에 기초한 집단으로서 공동의 주거, 보호, 유대, 지원 의무를 공유하는 통합된 공동체라는 전통적인 신념을 반영한다. 다시 말하면 가족을 결혼제도에 의해 결합된 부부와 자녀로 이루어져 있다고 보며, 가족구성원 각자가 주어진 성 역할을 따라 구분된 구성원으로서의 역할을 수행한다고 정의하였다(Parsons, 1949). 가족은 사회의 기본단위이다. 기본적으로 결혼으로 맺어진 부부는 평생 동안 서로를 지지하며 가정의 의무에 충실해야 한다는 점을 강조한다. 남편은 가족 생계의 책임자로서의 위치를 수행하게 되며, 아내는 일차적 양육자로 가정에서 자녀와 가족원들을 돌보는 의무를 수행한다. 남편과 아내가 각자에게 분담된 역할 과제를 잘 수행할 때에 가장 필요한 욕구를 잘 충족시켜주며 사회가 잘 운영된다고 보기 때문에 그 중요성을 강조하고 있다(김보람, 2012).

일반적으로 가족의 현대적 정의를 살펴보면 가족이란 2명 또는 그 이상의 가족 구성원들이 서로 돕고 상호 간 몰입된 관계를 유지한다. 그리고 애정과 친밀감, 가치관과 의사결정, 자원을 서로 나누는 집단이라고 정의하고 있다. 가족은 도움을 필요로 할 때 도움을 주며, 가족 구성원의 중요성을 인정해 주는 다른 가족 구성원을 통히 안도감의 욕구가 충족되는 장소라고 말할 수 있다(정현숙 외, 2001).

현대사회에 많은 변화 중 가족에게 영향을 주는 것을 확인해 보면 크게 다섯 가지로 볼 수 있다.

첫째, 현대인의 생활은 직업을 중심으로 영위되어 이동이 잦다. 이사를 쉽게 다니기 위해서는 가족구성원수가 적은 핵가족이 훨씬 유리하다. 따라서 현실적으로 핵가족이 가장 일반적인 가족형태를 이루게 되었다.

둘째, 현대사회는 개인의 능력만을 요구하는 고도의 산업화 사회이다. 개인은 그가 태어난 가정, 출신배경을 불문하고 능력에 의해 직업을 선택할 수 있고 직장에서 승진할 수 있다.

셋째, 현대의 산업화 사회는 완전히 전문화된 사회이다. 직장생활이나 사회생활이 전문화·세분화되어서 인간관계가 직업적·부분적이며 전인격적인 접촉이 거의 불가능하다. 따라서 가족의 기능 역시 전문화된 사회조직으로 분화되고 있다.

넷째, 현대의 산업화 사회는 자연스러운 배우자 선택의 기회를 갖게 한다. 직업 직장을 찾아 부모형제의 곁을 떠나 멀리 낯선 지역에서 생활하면서 자연스러운 배우자 선택의 기회를 가지게 된다. 이에 따라 결혼의 형태가 자유연애 결혼으로 변화되어 간다.

다섯째, 철저한 개인주의의 발달은 개인을 가족의 일원으로서가 아니라 개인 그 자체의 능력으로 보게 되었으며 남녀평등 사상으로 과거에 비해 여성의 취업 기회가 늘어나게 되었다.

3) 가족의 기능

가족의 기능은 가족이 수행하는 역할과 행위를 의미한다. 가족은 사회의 산업구조 변화에 따른 시대의 흐름과 사회문화적 상황의 영향을 받으므로 가족의 가정 내 역할과 사회적 역할이 달라지고 있어 정형화된 정의를 내리기가 쉽지 않다. 인류 사회의 존속을 위해서는 가족이 네 가지 본질적 기능을 수행해야 하는데, 이 중 어느 하나라도 수행하지 않으면 인류 사회의 존속이 불가능하다는 고유 가족기능성을 강조하였다(Murdock, 1949). 즉, 성적 기능과 생식기능은 구성원을 재생산함으로써 인류 사회가 존속하게 되고, 경제적 협동의 기능은 생존 문제를 해결하기 위해 필요하며, 자녀 양육과 사회화 기능은 교육과 문화를 계승시킨다는 점에서 가족의 고유기능이라고 보았다. 이러한 기능은 여러 가지 부차적 기능 또는 파생적 기능을 가진다. 가장 대표적으로 성적 통제와 종족 보존의 기능으로 사회의 질서를 유지한다. 그리고 생산과 소비는 사회적으로 노동력을 제공하고 경제 질서유지의 기능을 수행한다. 교육은 문화 계승의 기능을 수행하며, 보호와 휴식은 심리적·신체적 안정의 기능을 수행한다. 더 나아가 사회 안정화에 이바지하는 기능도 수행한다. 내용을 구체적으로 정리하면 다음과 같다.

(1) 성의 기능

가족은 남녀의 애정적 관계에 기초하여 형성되고, 결혼이라는 제도 안에서 합법적으로 성관계를 할 수 있는 범위를 부부관계로 한정하면서 자연스럽게 부부간의 성적 욕구를 충족시키고 성적인 통제가 가능하다.

(2) 애정의 기능

가족은 애정을 바탕으로 남녀가 가정을 이루고 자녀를 양육하는 집단이다. 부부와 자녀 간에 서로를 사랑하는 관계를 형성하고, 서로 애정을 표현하면서 사랑을 통한 정서적인 안정감을 유지하게 된다.

(3) 자녀 출산의 기능

전통적으로 가족은 자녀 출산을 통해 한 가정의 대를 이어간다는 의미뿐 아니라 사회구성원의 충원을 통해 사회를 존속·발전시켜 나간다는 측면에서 사회적으로도 중요한 기능을 수행한다.

(4) 자녀 양육 및 사회화의 기능

가족은 자녀 양육을 통하여 한 사회에 필요한 구성원으로 자녀의 사회화를 진행하고, 교육을 통해 한 사회가 요구하는 역할을 수행할 수 있도록 지식, 규범, 도덕을 익히도록 하는 기능이 있다.

(5) 경제적 기능

가족구성원 중 일부가 노동의 대가로 받은 금전적 자원으로 가족의 생활에 필요한 물자를 구입하여 가족구성원이 공동으로 사용한다. 가족은 생산과 소비기능을 함으로써 사회적으로 노동력 제공과 생활보장, 경제적 질서 유지라는 대외적 기능으로 작용한다.

(6) 지위 부여의 기능

인간은 출생과 더불어 가족에서 여러 지위가 부여되며, 자신의 가족과 출생 배경에 의해 개인의 사회경제적 지위가 부여된다. 이를 통해 개인의 성취에 결정적인 영향을 미친다.

(7) 휴식 및 오락의 기능

가족은 복잡한 사회생활로 인한 갈등과 스트레스, 긴장을 해소하고 심신을 안정할 수 있는 안식처로서의 기능을 통해 재충전하고 건강한 삶을 회복할 수 있도록 하는 기능을 한다. 가족구성원은 여가활동을 통해 함께 재미와 즐거움을 추구한다.

(8) 문화 · 전통 계승의 기능

가정생활을 통해 사회의 구성원으로서 갖추어야 할 기본적인 요소인 언어, 생활 방식, 풍습이나 민족의 전통 문화, 삶의 가치, 역사 등이 계승되고 창조되도록 하며, 이를 통해 사회적인 안정과 문화 발전, 전통 계승의 기능을 한다.

(9) 종교적 기능

종교적 기능은 특정 종교에 대한 신앙이나 종고적인 의례와 형식뿐만 아니라 일상에 대한 감사와 삶의 진리를 깨닫는 과정을 통해 겸허한 생활과 기도하는 마음가짐을 갖도록 하는 것을 의미한다. 제사나 가족 예배 등으로 가족의 신명을 공유하고 계승하는 역할을 한다.

(10) 치료와 위안의 기능

사회가 복잡해지고 급격한 발전으로 고도의 경쟁과 개인주의의 심화로 인한 불안감이 증가하면서 정서적 치료와 위안에 대한 욕구를 해소해 주는 가정의 역할을 의미한다. 현대 사회로 변화하면서 가족은 다양한 기능적인 측면에서 새로운 가치체계와 가치의 반영을 통한 변화가 있는데 애정의 기능, 휴식과 오락의 기능은 현대 사회에서 그 중요성이 더욱 커지고 있으며, 반면에 교육의 기능, 생산의 기능, 종교의 기능 등은 사회적 역할로 대체되거나 축소되는 양상을 보이고 있다.

4) 가족체계

체계란 각각의 것이 일정한 원리에 따라 계통적으로 결합된 조직을 의미한다(다음사전, 2022). 가족을 하나의 체계로 바라보는 관점은 가족구성원 간의 상호작용과 함께, 가족과 주변 환경과의 상호작용까지 모두 포함하는 관찰 및 개입이라 할 수 있다. 가족은 가족구성원 개개인으로 구성된 전체이다. 그리고 지역사회를 구성하고 이에 적응하는 부분으로서의 하나의 체계이다. 즉, 가족은 사회체계의 한 유형이다.

가족구성원은 상호 의존하는 관계이다. 체계 내 부분 간의 상호작용과 교류에 영향을 미치는 요소에는 대상과 속성, 환경, 관계가 있다. 대상은 가족구성원을 의미한다. 속성은 가족구성원의 성격, 자질 그리고 가족이 지향하는 목표 및 긴장을 의미한다. 환경은 체계의 구성요소이면서 동시에 큰 사회체계로서 가족에 긍정적 또는 부정적 영향을 미치는 이웃, 지역사회, 국가 그리고 좀 더 광범위한 생태학적·사회경제적 체계를 포괄한다. 관계는 가족체계 내 부분 간의 관계를 의미한다. 이러한 요소들이 상호 특별한 이익과 이해를 해주는 관계를 형성하는 정도에 따라 체계는 개방적이 되기도 하고 폐쇄적이 되기도 한다.

개방체계는 체계 내 여러 요소와 환경 간 상호작용이 원활하게 이루어지고 이를 통해 변화를 지향하는 경우를 의미하며, 폐쇄체계는 상호작용이 잘 이루어지지 않아 에너지의 혼란상태에 이르는 것을 의미한다. 가족구성원 간의 상호 교류와 의사소통이 원만하고 상호 영향을 주고받는 개방체계일 경우에는 가족구성원의 성장을 가져다주고 가족응집력을 높게 한다. 한 사람의 행동이 다른 가족에게 영향을 미치며 이는 반복적으로 상호작용 행동으로 유형화된다. 체계로서 통합성을 유지하는 한편 경계를 형성하여 외부체계와 구분되기도 한다. 가족의 상위체계는 지역사회, 확대가족이 있고, 하위체계는 부부 하위체계, 부모-자녀 하위체계, 형제 하위체계가 있으며, 모든 체계는 상호작용하면서 에너지를 교환한다(이영실 외, 2012).

5) 가족 관련 이론

(1) 구조기능주의 이론

구조기능주의 이론에서 가족은 전체 사회 안에서 출산, 양육, 사회화, 세대 간 지위계승을 통해 사회결속과 질서유지라는 사회통합의 기능을 수행한다고 본다. 또한 생계유지라는 남편의 도구적 역할과 가족 정서 유대를 담당하는 아내의 표현적 역할이라는 효율적 분업체계가 작동한다고 본다. 특히 구조기능주의 이론은 사회와 가족 간의 관계에 주목하고 있다. 파슨즈(Parsons, 1960)의 구조 기능주의에 따르면 사회를 유지하기 위하여 정치체계, 가족체계, 경제체계, 종교체계, 교육체계 등은 상호의존적 관계로 기능하고 있으며, 체계 내의 각 부분은 다른 모든 체계의 구성요소에 영향을 주며, 체계의 한 부분이 변화하면 모든 다른 구성요소들도 이러한 변화에 적응해야만 한다고 보았다. 체계 내 구성요소 간의 상호 의존성을 강조하면서 가족과 사회는 순환적 구조에서 유기적으로 작동하며 고유한 기능을 수행한다고 본다. 하지만 구조기능주의 이론은 보수성과 성차별 측면, 사회변화의 부정적 측면강조, 사회변화의 무시, 사회적 갈등에 대한 인식 부재 등으로 강한 비판을 받았다. 특히 가족이 가진 다양한 기능과 역할의 변화를 수용하지 못한다는 측면에서 사회학 이론으로서 그 중요성이 많이 감소하였다(Moore, 1978).

(2) 갈등이론

자본주의 사회의 필연적인 모순으로 계급갈등을 강조한 마르크스와는 다르게 짐멜(Simmel, 2017)은 보편적 법칙의 사회구조를 지배와 복종보다는 인간의 본능에 의존한 다양한 연합과 해체과정으로 보았고, 사회해체나 붕괴보다는 사회의 지속성에 갈등이 미치는 영향을 통해 적대충동을 사회유지의 한 과정으로 파악하였다(이향만, 2015). 갈등이론에서는 가족구성원 간의 이해관계나 권력 또는 자원의 불평등에 초점을 두고 가족관계 내에서도 사랑과 평화보다 갈등과 반목이 지배적이며, 가족 내에서 갈등이 반복된다고 해서 반드시 가족의 해체가 발생하는 것이 아니라 가족의 체계가 더욱 구조화될 수도 있음을 강조한다. 따라서 부부관계, 부모-자녀관계 등에서 발생하는 다양한 갈등해결을 위해 가족구성원 간의 관계 내 자원과 권위 배분을 통한 처리와 대응을 강조한다(김보람, 2012).

(3) 교환이론

호만스(Homans)를 중심으로 한 교환이론은 사회적 관계를 각 개인들이 자신의 최소 희생과 이익 극대화를 위해서 행동하는 확대된 시장으로 본다(김보람, 2012). 하지만 이해관계의 욕구만큼 관계 지속에 대한 욕구 또한 강하기 때문에 균형과 평등성을 고려하게 되고, 부부는 상호 간의 이익을 추구하면서 관계의 균형과 조화를 추구한다는 것이다(이향만, 2015). 하지만 가족관계를 공리적 관계로 만 보고 상호 간 심리적 요인을 고려하지 못한 한계가 있다.

(4) 상징적 상호작용 이론

상징적 상호작용이란 용어는 1937년에 허버트 블루머(Herbert Blumer)에 의해 처음 사용되었다. 상징적 상호작용 이론은 상호작용과 공유된 의미를 중요시하여 언어 및 비언어적 행동과 의사소통 간의 연결에 중점을 두며, 가족연구에서는 가족을 사회적 집단인 동시에 상호작용을 하는 자아와 정체성의 집합으로 개념화하여 가족의 관계와 역할을 중심으로 다양한 영역에 적용된다. 가족의 역할 구조는 가족의 상호작용 속에서 발생하며, 이것이 모든 가족원의 행동 및 외부 사회체계와의 상호작용을 규정하고, 가족구성원이나 사회의 변화에 따라 수정되며 그 과정에서 가족의 안정성이나 갈등도 분석될 수 있다(김보람, 2012).

(5) 가족발달 이론

가족발달 이론은 가족의 생애 과정의 단계가 이동할 때 경험하게 되는 체계적이고 유형화된 변동과정에 초점을 두고, 내적으로는 가족구성원들의 요구, 외적으로는 사회의 요구에 의해 정해진 일련의 단계들로 가족의 변화과정을 기술하고 설명하고 있다(정창수 외, 1997). 가족발달 이론의 주요 개념은 발달이며, 가족학에서는 사회적 의미의 발달을 선호하고 있다. 가족구성원들이 성장과 변화 과정에 따른 가족구성원 사이의 상호작용과 가족 구조의 변화, 가족 안에서의 역할규범의 변화를 통해 가족에 대한 발달적 이해가 가능하다고 본다. 하지만 가족발달 이론은 가족발달의 단계구분이 모호하고 다양한 가족의 모형보다 핵가족형에만 적합하다는 한계가 있다.

(6) 생태학적 이론

생태학적 이론은 생물학적 유기체 또는 사회적 존재로서 환경과 상호작용하는 인간 또는 가족에 중점을 두며, 1960년대 인간행동과 환경의 질 사이에서 상호의 의존성에 관한 인식이 증대되고 전체주의적, 체계적 관점이 확산되면서 강조되었다(김보람, 2012). 가족생태학은 가족들과 다양한 외적 체계들의 환경과 관계를 다루며 어떤 특정한 가족유형이나 형상에 기초하지 않고 다른 생활환경이나 생활단계를 경험하고 있는 다양한 구조나 국가, 민족 또는 인종의 가족들에게도 광범위하게 적용할 수 있는 장점이 있다.

(7) 여권주의 이론

여권주의 이론에서는 가족이 단일한 목적과 이해를 가진 하나의 행위체가 아니라 가족구성원 간에도 이해관계의 대립과 갈등이 존재하는 하나의 사회적 장으로 보았다. 따라서 여성운동이 이념적 근거이자 실천적인 전략으로써 가족 내 여성이 하는 가사노동과 자녀양육 및 노인봉양 등의 사회적 가치에 대한 접근을 통해 여성의 의식 변화와 지위 향상에 많은 기여를 하였다. 여권주의적 관점에서 다양한 가족형태는 전통적 성별분업에 대한 파괴를 시도하여 사회적 권력질서인 기존의 가부장적 사회구조에 대한 저항과 극복을 의미한다(김보람, 2012).

(8) 포스트모더니즘 가족론

가장 최근에 등장한 포스트모더니즘 가족론은 구조기능론적 가족에 대한 반대를 통해 전혀 다른 관점에서 가족을 개념화하고 있다. 불확실성, 비결정성, 불연속성, 다원주의 등을 포함한 포스트모더니즘 가족론에서는 가족을 총체적인 사실로 보는 것은 무의미하며(조은, 1995), 현실에서 무한한 다양성의 인정을 핵심적으로 주장한다. 포스트모더니즘 가족론은 가족 개념에 대한 해체를 통해 보편적으로 본질화된 가족이 아니라 다양한 형태로 존재하는 가족들을 인정하는 것이다(Barrett & McIntosh, 1980). 이는 현실의 가족에 대한 다원적 접근이며, 안정적이지만 획일적인 가족문화 대신에 개인의 자발성, 유동적이며 가능성을 지닌 다양한 가족문화에 관한 지지를 의미한다. 또한 다양한 가족 형태를 통해 기존의 일방적 가족 질서를 넘어 가족 내 민주주의 함양을 도모하는 것이다(김보람, 2012).

3. 본인이 생각하는 가족의 범위는 어떠한지 이야기해 주세요!

4. 가족의 기능 중 본인이 중요시 생각하는 기능은 무엇인지 이야기해 주세요!

03

가족의 변화와 다문화가족

1) 가족생활주기 개념과 특성

(1) 가족생활주기의 개념

가족생활주기라는 용어는 시간의 경과에 따른 가족 내의 발달적 경향을 묘사하기 위하여 일반적으로 사용된다. 가족생활주기모델은 개개인 생활과정의 모든 영역을 포함하면서 동시에 전체로서의 가족을 강조한다. 가족은 가족생활주기의 전환기에 적응상의 문제를 일으킬 수 있으며, 적응상의 위기는 가족 문제의 근원이 될 수 있다.

많은 가족치료자들은 가족주기는 정체된 것이 아니라 계속해서 변화한다고 하였다. 계속 변화함으로써 정상적 가족주기를 규정하는 것은 점점 더 어려워지고 있다. 정상적 가족생활주기에 대해서 경직된 사고를 가진 나머지, 일정한 틀에서 벗어난 것을 병리적인 것으로 여겨 오히려 불안감을 조성한다면 이는 부정적인 영향을 미치게 된다. 가족생활주기는 가족 내에서 세대 간 연결을 통해 생활주기 관점을 설명하는 데 목적을 두고 있으며, 세대 간의 연결은 인간의 중요한 자원이라고 인식하고 있다. 또한, 시대가 변화할수록 새로운 가족유형들이 출현하고 있어 가족생활주기도 다양하게 고려되어야 한다(성정현 외, 2017 재인용).

모든 가족에게 획일적으로 가족생활주기를 적용하는 것은 다소 무리가 있지만 가족생활주기모델은 나름대로 유용성을 가진다. 발달적 관점에서 가족을 이해하는 것은 가족이 사회적 기대를 충족시키고 있는지를 이해하는 데 유용하다. 또한 가족치료에서는 증상(symptom)과 역기능을 발달단계의 정상 기능과 비교함으로써 가족발달의 원동력을 되찾는 데 도움을 준다. 이를 통해 과거의 가족생활, 수행해야 하는 과업, 가족이 지향하는 미래의 맥락에서 문제를 보게 한다. 가족은 가족을 구성하는 개인들의 단순한 집합 그 이상이다. 개인의 생활주기는 가족의 생활주기 안에서 발생하며, 가족이야말로 인간발달의 가장 기본적인 환경이다. 이러한 관점이 가족구성원들이 함께 생활하면서 겪게 되는 정서적 문제 이해에 핵심이 될 수 있다.

(2) 가족생활주기별 특성

가족생활주기에 대해 다양한 학자들이 설명한 내용이 있으나 카터와 맥골드릭(Carter & Mcgoldrick, 2000)의 6단계를 중심으로 우리나라의 가족관계를 설명하였다(김용환 외, 2019). 각 단계별 특성과 발생할 수 있는 위기들과 이를 예방하기 위한 개입내용은 다음과 같다. 1단계는 결혼전기이다. 독립된 젊은 성인단계는 미혼 자녀가 원가족을 떠나 결혼을 하고 자녀를 낳아 자신의 가족을 이루기 전까지의 기간이다. 대학졸업 후 취업까지 기간이 점차 길어지고, 혼인연령이 늦어지면서 부모의 경제력에 의존하는 성인기도 상대적으로 길어지고 있다. 우리나라의 문화에서 부모가 성인 자녀를 독립된 성인으로 보기보다는 간섭과 보호가 많다. 2단계는 결혼 적응기이다. 다른 두 개의 체계가 변화해서 제3의 하위체계를 형성하는 것이 결혼이다(Golenberg & Goldenberg, 2000). 부부가 된다는 것은 가족생활주기 중에서 매우 복잡하고 힘든 전환 중의 하나이다. 서로에게 적응해야 하며 결혼생활의 개선을 위해 부부간의 의도적 노력이 절대적으로 필요한 시기이다. 이 시기는 겉으로 보이는 것처럼 달콤하고 행복한 시기가 결코 아니다.

3단계는 자녀 아동기이다. 부부 위주가 아닌 자녀를 돌봐야 하는 책임이 요구된다. 전적으로 부모에게 의존하던 아동은 독립성을 추구하게 된다. 부모는 아동의 안전에 주의하면서 동시에 수용할 만한 자극을 제공해야 한다. 첫째, 자녀가 생김으로써 에너지 고갈의 문제가 발생할 수도 있다. 둘째, 자녀가 학령기에 이르면 경제적 부담을 느낄 수 있다. 이때 자녀교육의 책임을 한 배우자에게만 전가하거나 지나치게 '자녀'나 '직업'만을 강조하여 부부관계가 소홀해질 수 있음에 주의해야 한다. 부모는 아동에게 학업과 학생생활의 스트레스에서 잠시나마 벗어나서 쉴 수 있는 장소와 쾌적한 학습 환경을 제공해야 한다. 4단계는 자녀 청소년기이다. 가족은 자녀를 양육하고 보호하는 주 기능을 수행하면서 동시에 자녀의 책임감과 독립심을 성장시킬 수 있는 구조와 조직으로 변화해야 한다. 가족 내의 자녀와 부모의 역할규정을 다시 새롭게 한다. 사춘기 자녀의 특성으로 인해 가족이 영향을 받기도 하지만 부부갈등이나 부모의 사회적 지지의 정도가 자녀에게 미치는 영향도 그에 못지않게 크다.

5단계는 자녀 독립기이다. 자녀가 사회활동이나 결혼으로 독립된 삶을 확립하는 단계이다. 자녀를 출가시키고 직장에서 은퇴한 가족은 부부가 함께 있는 시간이 늘어나면서 문제가 발생한다. 빈번한 부부간의 불화와 갈등은 새로운 문제로 인한 것이라기보다는 이전에 해결되지 않은 갈등과 생활방식의 차이, 일방적으로 억압을 당했던 배우자의 태도변화와 해결되지 않은 감정 등이 요인이다. 만일 부부관계가 강화되지 않거나 부부관계에 대한 재투자가 불가능하다면 황혼이혼을 할 수도 있다(Carter & McGoldrick, 1988). 따라서 자녀중심의 가족생활로 인한 공허감, 직장생활에서 느끼던 성취감과 존재감의 상실을 극복하기 위해서 의미 있는 새로운 삶의 활동을 발견해야 한다. 부모는 조부모의 위치로 이동할 준비를 하고 의존적일 수 있는 자신들의 부모들을 돌보아야 할 책임과 함께 다양한 형태의 관계를 수용한다.

6단계는 노년기이다. 노년기에는 경제적으로 불안정하고, 건강상의 문제가 발생하며, 친구나 친척, 배우자와 사별하는 고통을 겪는다. 특히 배우자의 죽음으로 혼자 남게 된 삶을 재조직해야 하지만, 그러한 상실을 대치할 수 있도록 도와줄 수 있는 사람이 별로 없다는 점에서 보면 극복이 쉽지 않다. 우리나라의 가족형태가 점차 핵가족화되고 부모를 한집에서 부양하는 책임감은 약화되었지만, 근거리에 거주하면서 왕래를 자주하고 경제적 원조를 하는 대신 자신의 자녀양육을 맡기는 관계로 적응하는 모습을 보인다. 조부모로서 손자와 손녀들과의 새로운 관계 형성은 인생에 새로운 활력과 즐거움을 부여하고 특별하고 친밀한 관계를 가질 수 있는 기회를 제공한다(박태영, 2003).

2) 가족의 변화와 가족형태

(1) 가족의 변화

현대사회의 가족 변화에 영향을 미치는 요인은 산업화, 도시화 등과 같은 외부적 요인과 생활 방식과 가치관의 변화와 같은 사회문화적 환경 요인이 있다. 산업화로 인하여 가족의 생산기능이 자본주의 노동시장으로 이전되면서 가족의 경제적 기능은 약화되었다. 가족의 돌봄 기능이 약화되면서 양육과 교육과 같은 사회화의 기능은 공식 교육기관으로 이관되었다. 가족의 보호기능과 부양기능은 국가 및 사회 문제로 전환되고 있다. 반면에 가족관계가 수평적 동반자 관계로 변화하면서 가족의 정서적 기능이 중요시되고 휴식 및 오락의 기능, 애정의 기능, 치료와 위안의 기능 등이 강조되고 있다.

또한, 결혼을 개인의 선택으로 받아들이고, 출산과 양육에 대한 가치관이 변화하고, 이혼과 재혼을 허용적으로 수용하고 있다. 가부장제의 모순을 비판하고 여성의 사회참여를 권장하며, 남녀관계를 자율성과 독립성을 존중하는 동반자적 관계로 규정한다. 그 외에 가족 규모의 축소, 핵가족화, 독립가구 증가 등과 같은 현상이 두드러지면서 다양한 가족 유형이 등장하고 가족에 대한 개념이 변화하는 것을 자연스럽게 받아들이고 있다. 향후 한국사회는 좀 더 다양한 가족의 형태로의 변화가 있을 것이며, 이에 대한 대안적 가족 형태에 대한 사회인식의 변화와 그에 대응한 사회 제도적 장치를 마련해야 할 필요가 있다.

(2) 현대가족의 형태

현대의 가족은 확대가족에서 핵가족으로, 가족 수는 소수가족으로 핵가족화되어 가고 있다. 가족의 형태는 구성원의 범위를 기준으로 핵가족, 확대가족, 노인가족, 한부모가족, 이혼가족, 재혼가족 등으로 구분된다.

① 핵가족

가장 보편적인 가족형태로서 부부와 미혼인 직계자녀로 구성된 가족이며, 자녀들이 결혼할 경우 부모의 집에서 분가하는 것이 원칙이다. 최근에는 수입은 두 배이지만 아이를 갖지 않는 가족 형태인 딩크(Double Incomes No Kids, DINK) 가족이 등장하였다. 이는 정상적인 부부생활을 영위하면서 의도적으로 자녀를 두지 않는 맞벌이 부부로서 1세대가족이 계속적으로 증가하는 추세이다.

② 확대가족

한집에서 여러 세대가 사는 가족을 말한다. 즉 확대가족은 핵가족이 종적 혹은 횡적으로 연결되어 형성되며 자녀가 결혼한 후에도 부모와 동거하는 가족형태이다. 전통적으로 우리나라에서는 가부장제도에 근거한 확대가족이 이상적인 가족형태였으나 핵가족의 증가와 반대로 확대가족은 감소하고 있다.

③ 노인가족

일반적인 노인인구의 급증과 자녀와의 동거를 원치 않는 노인 및 부모와의 동거를 원치 않는 자녀의 증가로 노인 가족이 늘어나고 있다. 새로운 노인상으로 떠오르는 통크(TONK) 족은 Two Only No Kids의 약자이며, 자식이 있으나 자식의 효심에 의존하지 않고 취미, 운동, 여행 등 부부가 둘이서 즐겁게 생활하는 노부부를 말한다.

④ 한부모가족

점점 늘고 있는 가족형태로 주로 이혼과 배우자 사망으로 한부모가족이 된다. 현대사회에서는 친척 간의 상부상조 기능의 약화로 한부모가족이 경제적 원조를 받기가 어렵다. 일반적으로 모자가정의 경제적 문제가 부자가족보다 심각하나 한부모가족도 가사 및 육아에서 다른 사람의 도움을 받아야 하므로 경제적 문제에 부딪힌다. 한부모는 고립되고 과다한 역할로 인하여 갈등을 느끼고 경제적으로 어렵다. 자녀들은 양부모 가정의 자녀보다 정서적으로 불안정하며 성취도가 낮고 비행을 저지른 경우가 높다.

⑤ 재혼가족

가장 복잡한 가족형태로 일반적으로 자녀가 포함된다. 재혼비율은 계속 증가하는 추세이다. 특히 남자가 초혼이고 여자가 재혼인 재혼유형이 증가함으로써 재혼이 여성에게 확대되는 경향이며 재혼가정의 출현율이 더욱 증가할 것이다. 재혼에 대한 사회적 인식이 변하고 있다. 우리나라의 가부장적 전통은 여성의 결혼을 죄악시하였으나 요즘에는 변화하여 사회적 문화 규범을 반영하는 대중매체 등에서 긍정적으로 비치고 있다.

⑥ 기타

현대의 가족생활은 친척과의 접촉이 감소하였으며 상부상조의 정신이 약화되었고 친족관계에 있어서 상호 간의 기대하는 의무와 권리마저 약화되고 있다. 즉 가족이 불안정하다. 배우자 선택에 있어서 결혼은 두 당사자 사이의 문제로 한정되고 이성을 만날 수 있는 기회가 많아짐에 따라 자유연애의 형태에서 결혼으로 이어진다. 또한, 가족을 어떻게 보는지에 따라 가족의 형태는 다양하게 나타날 것이다.

3) 다문화의 개념

다문화의 개념은 우리나라에서 많은 사람들이 사용할 정도로 보편적인 용어이다. 하지만 다문화에 대한 개념적 정의와 내용 그리고 접근방법에는 조금씩 차이가 있다. 다문화란 여러 유형의 익숙하지 않은 문화와 주변문화를 제도권 안으로 수용하면서 형성된 문화를 의미한다. 역사적·철학적 배경으로 보면 현대사회의 경제적, 정치적 변화에 의해 형성되었다(Storey, 1996).

1990년대 중후반에 다문화라는 용어를 일부 사회활동단체와 지원단체에서 사용하기는 했었다. '다문화'라는 용어가 정부정책과 이주노동운동 진영에서 광범위하게 사용되기 시작한 것은 2005년경으로, 결혼이주여성의 수가 급격하게 증가함에 따라 결혼여주여성의 처우가 주요한 사회적 이슈로 다루어지게 된 것과 관련이 깊다. 정부와 지원단체는 결혼이주여성의 문제를 해결하는 방안으로 '다문화'를 채택하였다. 2006년 학계, 정부, 이주노동운동 진영을 포함하여 우리나라의 다양한 관심을 이끌어내게 되었다(김범수 외, 2010: 61).

오늘날 한국사회에서 '다문화'는 과거와는 달리, 부정적인 인식을 먼저 생각하게 한다. 이는 한국사회가 갖고 있는 다양한 배경요인들이 무의식적으로 영향을 미치고, 무의식중에 긍정적 보다는 부정적인 방향으로 움직이기 때문이다. 다문화라는 용어는 문화적 다양성의 가치를 주목하고 장려하는 다문화주의에 기초를 둔 긍정적인 의미를 함의하고 있었다. 하지만, 점차 이주민과의 차별적인 의미를 저변에 두고 사용하는 의미가 되고 있다. 또한 다문화는 이주가정을 배경으로 하는 가족과 자녀들을 대상으로 적용하는 용어로 바뀌면서 당초의 의미가 축소되고 있다. 다양한 관련 서적이나 논문 등의 자료에서 대부분 '다문화아동', '다문화자녀' 등의 관용어로서 과용되고 있다. 심지어 교육현장인 학교에서 학생 이름 대신 '다문화 학생'으로 호명되기도 하면서, 다문화아동과 그 가족들에게 수치심이나 모멸감을 경험하게 하는 용어로 변화하였다(김진열 외, 2019).

그러나 다문화라는 용어는 단일문화주의에 대한 반성과 대비되는 개념으로서 복수의 문화, 다양한 문화를 가리킨다. 그런데 여기서 이야기하는 다문화는 세계 전체에 다양한 문화가 존재하는 현상을 가리키는 데 머무르지 않는다. 세계에는 이미 수천 년 전부터 다양한 문화가 존재하고 있었다. 다문화 현상은 원래대로 그 자리에 같은 모습으로 존재해 왔던 것이 아니라 각각의 서로 다른 문화가 지속적으로 '만나고', '교류하고', '부딪치고', '갈등하는', '경쟁하는' 과정에서 '생겨나는' 현상이다. 전 세계보다는 '한 사회 내'에서 나타나는 현상에 초점을 두고 있다.

다문화는 하나 이상의 복수의 문화를 말한다. 한 나라 안에 몇 가지 문화가 공존하는 것을, 여러 문화라는 의미를 가지고 있는 다문화의 의미는 언어와 문화, 관습, 종교, 인종, 계층, 직업 등의 차이에서 발생하는 문화를 의미하기도 한다(이종복 외, 2014). 기존의 단일문화에 대비되는 개념으로서 동일한 혈통과 문화를 추구하던 단일문화에 다른 문화들이 통합되어 여러 문화가 공존하는 상태를 말하기도 한다(김선녀, 2013).

다문화는 단일문화주의에서 문화를 이해하던 방식에 생긴 변화를 반영한다. 그 변화의 양상은 다음과 같다(구정화 외, 2018). 첫째, 대부분의 사회는 더 이상 동질적이지 않고 수직적·수평적으로 다양화되었다. 그래서 다양한 계층과 하위문화가 나타났다. 둘째, 문화가 민족, 인종, 영토적 외연 등과 일치하지 않는 경우가 점점 증가하고 있다. 이것은 활발한 이동과 관계가 깊다. 역사적으로도 인류는 이미 오래전부터 뒤섞여 왔기 때문에 '(하나의 단일)민족'이라는 개념 자체가 허구적이기도 하다. 셋째, 외부와의 경계를 강조하는 '문화적 인종주의'는 문화 간 상호이해를 가능하게 하지 않는다. 분리주의나 인종청소 등과 같은 비극으로 귀결되는 문제가 있었다. 이와 같은 '경계 지음'에 대한 일대 반성이 제기되었다. 즉, 다문화는 다인종, 다민족으로 구성된 사회와 국가에서 문화의 중심이 되는 주류문화에 대한 하위 개념이다. 위계관계 혹은 다양성의 존중을 내포하는 개념이다. 다문화 공동체사회는 서로 다른 문화 이해와 존중의 노력을 통해 형성된다(김보기 외, 2022).

4) 다문화의 관점

다문화에 대한 관점도 다양하다. 그 중에서도 타인종 문화로 해석하는 경우가 많이 있다. 서로 다른 인종과 민족을 중심으로 구분하여 다른 나라의 문화로 해석한다. 문화를 다양한 문화로 이해하지만 다양성을 주로 인종이나 민족으로 구분하여 다른 민족이나 인종이 지닌 문화, 다른 나라의 문화로 이해하는 경우이다. 지금까지 한국의 다문화정책이나 다문화교육이 다문화가족에서 한국문화에 편입되도록 하는 것에만 집중되어 온 것에 대한 반성을 포함하고 있다. 다문화정책과 교육은 이주민과 다문화가족들이 한국사회에 잘 적응하도록 한국

사회의 가치관과 문화를 가르치는 것뿐만 아니라, 이들이 정체성을 가지고 한국사회에서 당당한 구성원으로 살아갈 수 있도록 이들에게 역할을 부여하는 교육, 그리고 모든 사회구성원들이 다른 문화에 대해서 알고 이해하고 존중함으로써, 타 문화에 대한 고정관념과 편견을 없애는 교육을 해야 한다는 것이다.

다문화를 광의적인 측면과 협의적 측면에서 볼 수 있다. 광의적인 측면에서는 인종적·민족적 차원뿐 아니라, 성별, 장애 유무, 연령, 사회적 지위 등을 기준으로도 이해할 수 있다. 문화가 인간 삶의 전 영역을 아우르는 총체적 생활양식이라면, 남성과 여성, 장애인과 비장애인, 청년과 고령자, 부자와 빈자 사이의 삶의 경험 등과는 분명한 차이가 있으며, 각각에 해당되는 문화적 지평이 존재하기 때문이다. 다문화에 대한 개념을 이런 식으로 확장해서 포괄적으로 바라보면, 우리나라 이주민의 유입에 따른 사회구성원의 변화 경험 이전에 이미 다문화사회에서 살고 있었다. 실제로 다문화 갈등은 민족적 문화 차이보다 오히려 사회적 지위와 경제적 자원, 권력의 위계 등에서 압도적으로 더 많이 나타난다.

다문화사회를 협의적으로 정의하면, 자기와 타자의 관계가 성립되는 곳으로부터 존재한다. 정치적, 철학적 관점에서 보면 한 사회 내에 존재하는 하위사회집단 간 신념의 상대성을 똑같이 인정하고 존중해야 한다는 것을 의미한다. 자신이 속한 집단의 문화를 넘어 타인이 경험하고 있는 특수한 문화적 특징을 이해하는 것은 사회구성원 개개인의 미시적인 측면뿐 아니라, 사회정의를 기초로 한 사회통합 차원에서도 상당히 중요한 문제이다(김양미, 2020).

5) 다문화사회의 이해

현대사회는 인터넷을 비롯한 통신기술과 교통기술의 발달로 하나의 경제체계가 되어가고 있다. 다양한 문화의 결합과 인구 증가 및 사회구조의 변화에 따른 경제적인 측면의 인구 이동 등과 같은 큰 변화가 일어났다. 세계화로 인해 국가 간 장벽이 낮아지면서 서비스와 상품의 교류가 증가해왔을 뿐 아니라 인간의 이주 역시 가속화되고 있다(박채복, 2007). 구체적으로 다문화사회의 발생을 구분하면 크게 세 가지 유형으로 구분한다.

첫째, 이주노동으로 인한 다인종 사회로의 진입이다. 대표적으로 독일은 부족한 노동력을 확보하기 위해 1960년대 스페인, 포르투갈 등의 출신 노동자들을 방문노동자 형식으로 초청하면서 다인종 사회로 진입하였다.

둘째, 이민에 의한 다인종 사회로의 진입이다. 미국, 캐나다, 호주는 부족한 노동력을 보완하기 위해 전 세계로부터 영구적 이민의 확대 정책을 폈고, 그 결과 다인종 사회로 변화하였다.

셋째, 구식민지와 포스트 식민주의 상황에 의한 다인종 사회로의 진입이다. 영국, 프랑스 등이 대표적인 예로, 많은 유럽의 국가는 구식민지 국가 출신들이 이들 국가로 유입되면서 다인종 사회로 변화되었다(지종화 외, 2009; 홍기원 외, 2006).

다문화사회는 사회 구조와 제도가 다문화주의를 반영하고 구체화하고, 사회구성원들이 다양한 민족과 문화가 공존하는 사회임을 인정하는 사회라고 할 수 있다. 다문화주의를 이끌어내기 위한 수단은 정치적 · 사회적 · 경제적 · 문화적 · 언어적 불평등을 시정할 수 있는 국민

통합 또는 사회통합의 이데올로기로서 구체적인 일단의 정책을 유도해 낼 수 있는 지도원리가 있어야 한다. 즉, 불평등의 시정을 통해 자유민주주의의 기본 원리와의 정합성을 높이면서 다양성 증대에 따른 사회적 분절성을 극복하기 위한 새로운 국민통합의 이데올로기를 가지는 사회로 정의할 수 있을 것이다(국회입법조사처, 2009).

다문화사회는 동전의 양면과 같이 국가와 사회적으로 긍정적인 측면과 함께 부정적인 측면을 동시에 갖고 있다. 다문화사회로의 변화에 따른 긍정적 측면은 이주민으로 노동력 공급이 증가하고, 국내산업의 인력난이 해소되며, 국내총생산량이 증가한다는 것이다(Barro et al., 1992). 해외 노동인력의 유입으로 새로운 일자리가 창출되고 경제규모가 확대된다. 이민을 통한 인구 증가는 조세 기반을 확대하여 내수를 촉진하여 경제발전의 견인차 역할을 한다. 주류사회에 통합하기를 희망하는 이주민이 증가할수록 사회의 다양성과 개방성, 개인의 창의성이 증진된다(Florida, 2002). 다문화사회는 모든 문화를 무조건적으로 받아들이자는 것을 의미하는 것이 아니라, 문화적 차이에 따른 사회·경제적 불평등을 극복하고, 사회가 효과적으로 유지·운영되는 데 필요한 지식, 기술, 태도 등을 제공하고, 학교, 병원, 법원 등에서 이를 제도적으로 보장하고, 모든 장벽을 제거할 때 진정한 다문화사회가 될 수 있다(Inglis, 2009). 다문화사회는 세계적 추세 속에서 이민, 노동, 결혼, 유학, 방문 등 다양한 목적으로 국가 간 인구이동은 일상화되고 보편화되어 가고 있다. 하지만, 현재 우리나라의 다문화정책은 주류문화로 비주류문화를 동화시키려는 것으로 평가되고 있다. 점차 이주노동자와 결혼이민자가 증가하며, 앞으로 다민족화와 다문화현상이 가속화될 것으로 전망할 수 있다(전숙자 외, 2009).

한국 다문화사회의 특성은 크게 일곱 가지로 정리할 수 있다(김경식 외, 2017).

첫째, 경제 규모의 확대와 국력의 신장으로 다문화사회가 빠르게 형성되고 있으며, 더욱이 외국인과 유학생이 급증하고 있다.

둘째, 이주노동자 집단의 형성이다. 저출산·고령화사회로의 진전과 더불어 한국경제의 세계화는 외국 노동력의 증가로 이주노동자 집단이 형성되었다.

셋째, 낮은 외국 인력 고용이다. 중소기업 인력의 평균연령 상승과 수요의 증대에도 불구하고, 주요국 대비 낮은 이주노동자의 비율을 보이고 있다.

넷째, 다문화 여건은 주요국과 비교해 저조한 수준이다. 국제경영개발원 보고서에 의하면 국가경쟁력 지수 중 외국문화에 대한 개방도 항목은 조사 대상국 중 낮은 수준을 벗어나지 못하고 있다.

다섯째, 다문화가족의 출현과 함께 국제결혼의 이혼도 급증하고 있다. 국제결혼의 급증으로 결혼이민자가 증가하고, 이에 따른 자녀 수의 증가로 인해 다문화가족이 보편화되고 있다.

여섯째, 북한이탈주민들의 유입이 늘고 있으나 북한이탈주민의 한국사회 적응에는 상당한 시간이 소요되고 있다. 이는 남북경제 격차 및 한국사회의 민주화 성숙으로 북한이탈주민들의 유입이 급증하고 있다.

일곱째, 다문화에 대한 내·외국인 간 이해의 격차로 사회갈등의 격화가능성이 증대되고 있다. 외국인에 대한 차별이 지속되고 이주 외국인에 대한 사회적 포용이 지연될 경우, 더 큰 사회적 문제를 야기하여 사회적 비용이 발생할 가능성이 높다. 한국사회는 이미 급속도로

도래하고 있는 다문화사회적 물결에 적극 대응할 수 있는 대책이 요구된다.

6) 다문화가족의 개념

다문화의 개념을 '다문화가족'과 관련된 것으로만 생각하는 것이다. 즉, 다문화라는 개념을 다문화가족, 특히 이주노동자나 결혼이민자와 관련된 것으로만 한정 지어 사용한다. 이는 한국에서 다문화사회 형성이 이른바 다문화가족의 증가와 관련되어 있기 때문이다. 다문화가족이란 용어는 이후 계속해서 다문화대상자, 다문화학생 등으로 새로운 용어를 만들어 냈으며, 다문화는 특정 사람들을 의미하는 형용사 또는 명사로 쓰이기도 한다.

'다문화가족'이란 용어는 2008년 보건복지부(현재 여성가족부)에 다문화가족과가 신설되면서 동시에 그 해 「다문화가족지원법」이 제정, 시행된 후 사용되고 있다. 「다문화지원법」이 제정된 이유는, 결혼이주여성 및 그 자녀 등으로 구성되는 다문화가족은 언어 및 문화 간 차이로 인하여 사회부적응과 가족구성원 간 갈등 및 자녀교육에 어려움을 겪고 있다. 이에 다문화가족의 구성원이 한국사회의 구성원으로 순조롭게 통합되어 안정적인 가족생활을 영위할 수 있도록 하기 위한 가족상담·부부교육·부모교육 및 가족생활교육 등을 추진하고, 문화의 차이 등을 고려한 언어통역, 법률 상담 및 행정지원 등의 전문적인 서비스를 제공하도록 하는 등 다문화가족에 대한 지원정책의 제도적인 틀을 마련하려는 것이다.

〈표 3-1〉 다문화가족 지원법에 의거한 다문화가족 개념

다문화가족 지원법	조항	개념
재한외국인 처우 기본법	제2조 제3항	결혼이민자란 대한민국 국민과 혼인한 적이 있거나 혼인관계에 있는 재한외국인을 말한다.
국적법	제2조	출생에 의한 국적 취득 ① 다음 각 호의 어느 하나에 해당하는 자는 출생과 동시에 대한민국 국적을 취득한다. 1. 출생 당시에 부 또는 모가 대한민국의 국민인 자 2. 출생하기 전에 부가 사망한 경우에는 그 사망 당시에 부가 대한민국의 국민이었던 자 3. 부모가 모두 분명하지 아니한 경우나 국적이 없는 경우에는 대한민국에서 출생한 자 ② 대한민국에서 발견된 기아는 대한민국에서 출생한 것으로 본다.
	제3조	① 대한민국의 국민이 아닌 자(이하 "외국인"이라 한다)로서 대한민국의 국민인 부 또는 모에 의하여 인지된 다음 각 호의 요건을 갖추면 법무부장관에게 신고, 대한민국 국적을 취득할 수 있다. 1. 대한민국의 민법상 미성년자일 것 2. 출생 당시에 부 또는 모가 대한민국의 국민이었을 것 ② 제1항에 따라 신고한 자는 그 신고를 한 때에 대한민국 국적을 취득한다. ③ 제1항에 따른 신고 절차와 그 밖에 필요한 사항은 대통령으로 정한다.
	제4조	① 대한민국 국적을 취득한 사실이 없는 외국인은 법무장관의 귀화허가를 받아 대한민국 국적을 취득할 수 있다. ② 법무부장관은 귀화허가 신청을 받으면 제5조부터 제7조까지의 귀화 요건을 갖추었는지를 심사한 후 그 요건을 갖춘 자에게만 귀화를 허가한다. ③ 제1항에 따라 귀화허가를 받은 자는 법무부장관이 그 허가를 한 때에 대한민국의 국적을 취득한다. ④ 제1항과 제2항에 따른 신청절차와 심사 등에 관하여 필요한 사항은 대통령으로 정한다.

출처: 국가법령정보센터(2018). 다문화가족 지원법 재구성.

법률이 말하는 다문화가족이란 「재한외국인 처우 기본법」 제2조 제3호의 결혼이민자, 「국적법」 제2조에 따라 출생 시부터 대한민국 국적을 취득한 자로 이루어진 가족, 「국적법」 제4조에 따라 귀화허가를 받은 자와 같은 법 제2조에 따라 출생 시부터 대한민국 국적을 취득한 자 등으로 이루어진 가족을 말한다. 한편, 「다문화가족지원법」의 다문화가족에 대한 사회적 지원에 관한 규정(제5조부터 제12조)은 사실혼 관계에서 출생한 자녀를 양육하고 있는 다문화가족 구성원에 대해서도 준용된다(제14조). 다문화가족법에 따른 분류는 한국인 남자와 외국인 여자 또는 한국인 여자와 외국인 남자와 같이 국제결혼을 하여 가정을 이룬 경우와, 외국인 근로자가 한국에서 결혼하거나, 본국에서 결혼하여 형성된 가족이 국내에 이주한 외국인 근로자 가정으로 분류할 수 있다. 또한 북한에서 태어나서 한국에 입국하거나 한국에서 한국인 또는 외국인을 만나 결혼한 새터민 가정으로 구분할 수 있다.

다문화가족 개념은 다양하게 규정된다. 넓은 의미로는 국민 사이의 결혼으로 구성된 가족 이외에 배우자 중 한 명이라도 한국국적 이외의 국적을 가지거나 과거에 가졌던 사람이 포함되어 있는 가족을 지칭하는 개념으로 사용된다. 그러나 좁은 의미로는 한국인과 결혼한 또는 결혼한 경험이 있는 결혼이민자가 포함된 가족을 가리킨다. 국가정책은 좁은 의미의 다문화가족 개념을 준용하고 있으며, 넓은 의미의 개념 중 가족구성원 가운데 한국인이 포함되어 있지 않고, 외국국적자만으로 구성된 가족은 현재 다문화가족 지원정책 대상에서 제외되어 있다. 즉, 다문화가족 지원정책의 핵심은 다문화가족구성원을 대상으로 하는데, 구체적으로 결혼이민자와 그 자녀, 한국인 배우자와 그 외의 가족원이 대상이 된다(김범수, 2010).

5. 교수님 질문에 'YES' 또는 'NO'에 체크를 해주세요!

	YES	NO
질문 1		
질문 2		
질문 3		
질문 4		
질문 5		

6. 위 질문의 결과에 대해 본인의 생각을 이야기해 주세요!

7. 가족생활주기에서 중요 시 되는 단계에 대해 이야기해 주세요!

8. 앞으로 우리나라의 가족형태는 어떻게 변화될 것 같은지 이야기해 주세요!

04

이주노동자와 북한이탈주민

1) 이주노동자

(1) 한국 이주노동자의 역사

한국사회는 세계에서 가장 빠른 속도로 초고령사회로 진입하고 있으며 저출산 현상에 따른 생산연령인구의 감소와 연령 구성의 변화가 일어나고 있다. 저축 및 투자감소, 생산성 저하 등 잠재성장률은 떨어지고 국가경쟁력에 타격을 받을 것을 우려하였다. 이에 대한 대안으로 국내 노동시장의 일손 부족을 보완하기 위해 합법적이고 선별적으로 노동력을 공급하는 제도가 고용허가제와 방문취업제의 도입이다.

88서울올림픽을 계기로 한국의 발전이 알려지면서 조선족뿐만 아니라, 동남아시아나 중앙아시아에서 관광 비자(C-3)로 입국하고 그대로 불법체류자로 취업하는 외국인노동자가 증가하였다. 정부는 인력부족을 겪는 중소기업의 요구를 수용하고자 1991년 11월에 '산업기술 연수생 제도'를 도입하였다. 그 후 여러 가지 문제점이 노출되어, 2004년 노무현 정부에서 외국인노동자를 정식으로 수용하는 고용허가제가 시행되었으며, 고용허가제 이후 국내 외국인노동자 수는 지속적으로 증가하였다(김명희, 2019).

한국사회는 1997년 외환위기에서 경제위기를 벗어나기 위해 다양한 시책이 채택되었다. 그 일환으로써 선진국 거주 '저외동포'에 대한 한국투자, 고기능 노동자의 유치를 주목적으로, 1999년 한국 내에서의 경제활동에 대한 규제를 완화하는 내용의 「재외동포의 출입국과 법적 지위에 관한 법률(재외동포법)」을 제정하였다. 2002년에는 '취업관리제도'를 도입, 재외동포 가운데 중국 조선족이나 CIS 지역의 고려인이라고 하는 한국계 외국인에 대하여 6종류의 서비스업에서 최장 3년간 취업을 허가하였다. 인력 부족이 극심한 업종에 저임금 노동력을 보충하는 것이 정책적 의도였지만, 2004년 고용허가제가 실시되면서 폐지되었고 고용허가제에 통폐합되었다.

2007년에는 한국계 외국인의 취업을 우대하는 내용의 '방문취업제'가 시행되었다. 방문취업제(특례고용허가제)는 중국 및 CIS 지역 만 25세 이상의 일정한 요건을 갖춘 동포들에 대해 5년간 유효한 복수사증을 발급(H-2)하고, 사증 유효기간 범위 내에서 자유로운 출입국을 허용하여 한민족 네트워크를 강화하고 고국과 동포사회의 호혜발전에 기여하기 위한 제도이다. 2013년 3월 23일 시행된 「고려인동포 합법적 체류자격 취득 및 정착지원을 위한 특별법」에 따르면, 동법 제1조는 "고려인 동포의 합법적인 체류자격 취득을 지원하고 고려인동포의 권익 증진과 생활 안정을 도모함을 목적으로 한다."라고 규정하고 있다.

이주노동자에 대한 견해는 크게 두 개로 나뉘고 있는데, 우선 국내 인력이 기피하는 3D업종에서 부족한 인력을 메울 수 있다는 긍정적인 여론이 존재하는 반면, 저임금으로 국내 노동시장의 질서를 파괴하고 있다는 부정적인 시각도 존재한다. 하지만 인구절벽 · 고령화 등으로 생산인구가 감소가 불가피한 상황에서 '외국인근로자에 대한 효과적인 활용방안'이 필요할 뿐만 아니라, 그들의 방치는 복지 차원에서 더 큰 사회적 비용의 부담이 커질 수 있기 때문이다.

(2) 이주노동자의 정의

한국에 다문화 관련 대상자들이 본격적으로 유입되면서 사회적으로 관심을 가지게 된 주요 대상자 중 하나가 이주노동자이다. 한국사회는 이들에게는 차별배제적 정책을 적용하면서 사회 안에서 동화를 추구하는 결혼이주여성과는 다른 방식으로 처우하고 있다. 이러한 특성으로 인해 이주노동자는 다방면에서 인권침해와 차별을 경험하고 있다(조원탁 외, 2020). 이주노동자(migrant worker)는 '일정 기간 다른 나라에서 경제적 수입을 목적으로 근로에 종사하는 자'를 의미한다. 그러나 한국사회에서도 외국인 근로자란 단어가 혼재되어 사용되고 있듯이 외국인노동자, 이민 노동자, 초빙 노동자, 단기 노동자, 계약 노동자, 이방인 노동자, 출가 노동자, 외국인근로자(국내법) 등 다양한 명칭으로 불리고 있다. 그렇지만 '일정 기간 다른 나라에 가서 돈벌이하는 사람'을 가리킨다는 점에서는 동일하다. 외국인 노동자, 이민노동자, 이방인 노동자는 노동력 수입국의 입장에서 이주노동자를 부르는 명칭이며, 송출국의 입장에서는 부적절한 용어이다. 따라서, 송출·정착·귀환이라는 이주의 전 과정을 포괄하고 있는 '이주노동자'라는 용어가 주로 사용되고 있다(이승림, 2018).

국내법의 경우, 「외국인고용법」, 「출입국관리법」, 「재한외국인 처우기본법」 등 현행법상에서 이주노동자에 대한 개념과 법적 지위를 규정하고 있다. 이주노동자의 법적 용어로는 '외국인근로자'가 통상적으로 사용되고 있으며, 「외국인고용법」 제2조에서 '외국인근로자'는 "대한민국의 국적을 가지지 아니한 사람으로서 국내에 소재하고 있는 사업 또는 사업장에서 임금을 목적으로 근로를 제공하고 있거나 제공하려는 사람"으로 정의하고 있다. 따라서, 이주노동자는 일정하게 정하여진 기간 동안 자국을 떠나 다른 나라에 가서 경제활동을 하는 사람으로 이해된다. 국제노동기구(ILO)는 이주노동자를 'migrant worker'라고 정의하고 있으며, migrant worker는 자신이 생활하고 있는 일상적인 근거지를 벗어나서 타지역(타 국가)으로 이주하여 취업한 노동자를 통칭한다.

하지만 국내에서 통용되고 있는 '외국인근로자'라는 용어는 내국인과 외국인을 구분하여 국민이 아닌 사람을 부각한다는 점에서 이주하였다는 사실에 초점을 두어 노동력 송출국과 유입국의 입장을 포괄하는 '이주노동자'라는 용어가 더 개방적이고 포용적인 용어라고 할 수 있다. 국제적으로도 외국인근로자라는 표현이 국적의 차이와 차별의 의미를 담고 있기 때문에 이주노동자라는 표현을 권장하고 있는 추세이다. 그러므로 이러한 논의를 바탕으로 법적 개념인 외국인근로자 대신 이주노동자라는 용어의 사용이 적당하다고 보며, 이들은 취업을 목적으로 본국에서 다른 국가로 이주한 노동자로 정의한다(김보기 외, 2020).

(3) 이주노동자의 유형

국내 이주노동자의 유형은 비전문취업(E-9), 방문취업(H-2), 전문인력취업(E-1~E-7, C-4), 미등록 이주노동자로 크게 네 가지로 구분된다.

이중에서 고용허가제로 유입되는 이주노동자는 비전문취업(E-9)과 방문취업(H-2)에 해당되며, 한국정부와 노동력 송출에 관한 양해각서(MOU)를 체결한 국가에서 인력을 수급받고 있다. 그 내용은 다음과 같다.

① 비전문취업(E-9): 현재 인도네시아, 태국, 라오스 등 16개 국가에서 송출되고 있으며, 취업이 가능한 업종은 중소제조업, 농·축

산업, 어업, 건설업, 일부 서비스업 등과 같이 국내에서 인력 수급이 어려운 직종에 한정된다. 또한 이들의 취업은 정주화 방지를 위해 3년으로 제한되며, 사용자의 재고용 시 1년 10개월이 연장되어 최장 4년 10개월까지 체류가 가능하다.

② 방문취업(H-2): 중국이나 독립국가연합(구소련, CIS)지역 재외동포들의 자유로운 고국 방문과 체류상의 편의를 도모하기 위해 도입되었다. 방문취업(H-2)으로 유입된 동포들은 고용허가제 내에서도 특례 적용을 받기 때문에 취업이 가능한 업종이 폭넓고, 사업장 변경이 자유로우며, 한국어 소통이 가능하다는 점에서 비전문취업(E-9)과는 다른 조건을 가지고 있다.

③ 전문인력취업: 비자 체계상 단기취업(C-4)을 비롯해서 교수, 회화지도, 연구, 기술지도, 전문직업, 예술흥행, 특정활동 분야(E-1~E-7)에 연수 또는 취업하려는 전문적인 기술과 능력을 가진 인력을 대상으로 한다. 각 분야에 따라 최소 2년에서 최대 5년 동안 체류 가능하며, 비자 발급에 필요한 요건과 활동범위가 상이하다.

④ 미등록 이주노동자: 체류기간 초과, 지정된 사업장 무단이탈, 밀입국 등 다양한 이유로 인해 불법체류, 불법취업 상태가 된 이주노동자를 뜻한다. 이들은 국내에 체류할 수 있는 법적 자격이 없다는 신분상 제약 때문에 정부지원의 사각지대에 놓여 있으며, 합법체류 이주노동자에 비해서 처우가 열악하다.

(4) 이주노동자의 문제점

이주노동자들이 한국사회에서 겪는 애로점은 다음과 같다(김경식 외, 2019). 첫째, 법적, 제도적 문제이다. 이주노동자들에게 현재 적용되고 있는 고용허가제는 3년간의 취업을 보장하며, 이 기간 동안에는 국내 근로자와 같은 노동3권을 부여받고 사회보험 등의 가입이 가능한 근로자 신분을 가진다. 그러나 3년간의 근로기간이 끝나면 재고용 확인서를 받을 경우에만 출국하였다가 1개월 후 재입국하여 다시 2년간 연장 후 재취업이 가능하다. 그러나 이러한 경우에도 1년 단위로 갱신해야 한다. 이 제도의 기본 원칙은 3년 단기체류 정책을 고수하는 것이며, 외국인 노동자들의 입장에서는 재고용을 위해 많은 비용을 새로이 부담해야 하는 문제가 생긴다. 또한 이주노동자들은 가족 동반을 불허하고 있어 자녀의 교육 및 의료와 관련한 많은 문제들이 발생하고 있다. 외국인 노동자들과 그 가족은 기본적으로 인종차별을 금지하고 외국인의 권리를 보장해 주도록 하는 국제법에 의해 보호받게 되어 있다.

둘째, 일상생활에서의 문제이다. 언어와 한국 물정에 서툰 이들이 민·형사상의 문제가 발생하였을 때의 불이익 때문에 외국인 노동자 인권센터에 법적 문제로 자주 상담이 접수되고 있다. 가장 큰 문제는 민·형사 문제발생 시 권리보장을 제대로 받지 못한다는 점이다. 불법체류자의 경우는 그 정도가 더욱 심하여 때로는 자신이 피해자이면서 가해자로 둔갑하거나 쌍방과실로 되기도 한다. 더 큰 문제는 일단 형사상 문제가 발생하여 경찰에 연행되는 불법체류자는 설사 자신이 피해자임이 입증된다 하더라도 강제출국이 된다. 이 때문에 불법체류자들은 사기, 폭행, 사고 등을 당해도 제대로 자신의 권리를 주장하지 못한다.

셋째, 취업현장에서의 문제이다. 많은 이주노동자들이 작업장 내에서 폭행과 폭언에 시달리고 있다. 폭행은 이주노동자들에 대한 동정적인 여론에 힘입어 예전보다는 많이 줄어들었으나, 여전히 사업주, 관리자, 동료 한국인 노동자 등에 의한 폭행 사례가 끊이지 않고 있다. 폭언과 비속어 사용 등이 많은 공장에서 일상적으로 일어나고 있는데, 이는 특별히 이주노동자에 대해서만이 아니라, 거친 현장문화에서 기인한 바가 크다. 그러나 폭언과 비속어를 듣는 이주노동자들이 받는 심리적 상처는 결코 작지 않다.

넷째, 사회적 인식 문제이다. 한국사회에서 이주노동자들과 불법체류자들에 대한 인식은 차별적 시각을 가지는 경우가 대부분이다. 한국사회의 이주근로자에 대한 차별을 기업가에 의한 경제적 차별, 한국인 근로자에 의한 사회적 차별, 정부에 의한 사회적 차별로 '삼종의 인종주의'라고 표현하였다. 저임금 노동을 위해 입국했다는 이유, 3D 업종에 대한 천시 경향, 그리고 단일민족의 지배적 헤게모니로 인해 이들을 한국사회의 새로운 저층계급으로 분류하고 있으며, 비인권적인 대우와 질시의 시선을 보내고 있다. 최근에는 한국 내 경제적 어려움으로 불법체류자들과 이주노동자들이 한국인의 일자리를 빼앗아간다는 시선까지 생겨 이주노동자와 그 가족들을 바라보는 시선은 더욱 부정적이었다. 특히, 아시아 등지에서 온 이주노동자를 바라보는 시각은 그 자녀에게도 그대로 적용되어 이주노동자가정이 한국사회에 정주하는 데 큰 장애요인이 되고 있다.

다섯째, 노동, 의료 등 인권적 문제이다. 2004년 외국인 고용허가제로 바뀌면서 외국인 노동자들에 대한 근로조건이나 임금체납문제 등이 많이 개선되고 의료나 산재보험을 받을 수도 있게 되었지만, 이는 합법적 외국인 노동자들의 경우이며, 불법체류자의 경우 여전히 어려운 처지에 놓여 있다. 또한 열악한 근무조건으로 인한 보건의료문제가 심각한 상태이다. 최근 외국인 노동자들의 건강실태를 보고한 연구결과를 살펴보면, 이들 가운데 다수가 근무여건이 열악한 중소기업에 근무해 적절한 건강과 안전에 대한 교육을 받지 못해 산업재해에 반복적으로 노출되고 있는 것으로 나타났다. 남성 근로자들의 경우, 대부분 불법체류자가 많아 위험한 기계를 다루거나 근육계 손상을 입는 경우가 많으며, 여성들은 독극물에 노출되는 위험한 상황에서 일하고 있다. 힘든 노동과 식사문제, 수면 부족 등으로 인해 설사, 감기, 충치, 외로움 등의 건강문제를 호소하고 있다.

여섯째, 자녀양육 및 교육이다. 이주노동자의 경우, 한국에서 자녀를 출산하게 되면 자녀의 출생신고는 자국대사관이나 영사관에 하도록 되어 있으며, 현재 「국적법」상 무국적자가 된다. 자녀가 무국적자로 되면 공공서비스기관이나 교육기관에 아이를 맡기거나 입학시킬 수 없어서 자녀를 양육하거나 교육하는 데 어려움을 수밖에 없다. 이들 자녀는 초등학교 입학은 가능하나 중등학교의 경우 학교장의 재량에 달려 있어서 이주노동자가정의 부모들은 자녀의 입학을 허락해 줄 학교를 찾는 데 많은 시간을 소비하고 있다.

대부분의 이주노동자가정이 경제적 소득이 낮고 주거환경이 열악하여 가정의 교육기능도 취약한 경우가 많으며, 또래 아동들에 비해 기초학습능력이 낮은 편이다. 미취학아동의 경우에도 보육시설에 보내지 못해 가정에서 방치되거나, 학령기 아동의 경우에도 부모의 손길을 충분히 받지 못하고 무분별한 대중문화에의 노출로 인해 학업집중도가 떨어지기도 한다. 학령기 자녀를 둔 외국인 노동자 부모들은 자녀가 학교에 안정적으로 정착하도록 하기 위해 한국어 교육, 한국 친구 사귀기, 숙제 및 교과 공부, 시험 준비 도움, 나이에 맞는 학년 배치를 원하고 있다. 자녀가 한국 학교에 다니게 되면 한국 친구 사귀는 것을 가장 많이 원했다.

2) 북한이탈주민

(1) 북한이탈주민의 개념

'북한이탈주민'이란 용어는 「북한이탈주민의 보호 및 정착지원에 관한 법률」에서 정하고 있는 공식화된 법률 용어로 제2조에 "북한이탈주민이란 군사분계선 이북지역(이하 '북한'이라 한다)에 주소, 직계가족, 배우자, 직장 등을 두고 있는 사람으로서 북한을 벗어난 후 외국 국적을 취득하지 아니한 사람"을 말한다. 정부는 1997년 「북한이탈주민의 보호 및 정착지원에 관한 법률」 제정 이후, '북한이탈주민'이라는 용어를 공식적으로 표기·사용하고 있다. 또한 정부 내에서는 '북한이탈주민'을 줄여 '탈북민'이라는 용어를 사용하고 있다. 2004년부터 사회적 합의를 거쳐 채택, 사용해 왔던 '새터민'이라는 용어도 이를 자연스럽게 정착될 수 있도록 하기 위해 노력을 기울여 왔으나, 이에 대한 논쟁과 쟁점이 불거지고 사회적 반대 여론이 심화되면서, 2008년부터는 더 이상 정부 내에서는 새터민이라는 용어를 사용하지 않고 있다.

2019년 통일부에 따르면, 북한이탈주민들은 다문화가족이 아니라고 유권해석한다. 즉, 「헌법」 제3조는 "대한민국의 영토는 한반도와 그 부속도서로 한다."라고 규정하고 있다. 이 규정에 따라 북한은 대한민국의 영토이며, 북한이탈주민은 민족공동체의 일원이자 「헌법」이 규정한 대한민국 국민으로 「재한외국인 처우 기본법」에 따라 지원을 받는 결혼이민자 및 귀화자 등 다문화가족과는 근본적으로 구분되어야 한다. 북한이탈주민들이 상이한 문화와 체제 아래 생활하였다는 점에서 다문화적 성격을 일부 가지고 있지만, 남북한 통합이라는 관점에서 볼 때 본질적으로 다문화가족이라고 보기 어렵다. 특히, 북한이탈주민은 남북한이 통일되면 고향으로 되돌아가 통일한국을 건설하는 데에 있어 선도역할을 할 통일자원이다. 따라서, 다문화라는 측면보다는 문화다양성에 초점을 두고 북한이탈주민을 정의해야 한다.

(2) 북한이탈주민의 탈북

굶주림의 생존문제에 직면한 북한주민은 외부세계에 대한 갈망과 동경으로 탈북을 시도하는 움직임이 가속화되고 있다. 탈북 경로를 살펴보면, 간혹 서해를 통하여 제3국을 거치지 않고 넘어오는 경우도 있으며, 중국을 통하여 은신하다가 남한으로 입국하는 경우, 북한으로 되돌아가는 경우도 있다. 한국 입국을 위해 주한대사관의 도움을 요청하는 경우, 제3국 중 러시아, 일본, 몽골, 태국, 미얀마, 등의 제3국을 통하여 대한민국으로 입국하는 경우가 있다. 북한이탈주민 대부분은 주로 중국을 거쳐 태국, 몽골, 캄보디아, 베트남 등의 루트를 거쳐 탈북하였다. 지금은 신변의 안전담보를 위해 외교공관을 이용하거나 중국에서 주민등록증을 발급받아 여행 비자로 입국하는 경우도 있고, 국내외 탈북지원단체들의 도움을 받는 경우도 있다.

탈북 원인은 시기별로 다양하게 나타나고 있다. 우선, 1990년대 중반부터 경제상황 악화로 인한 '고난의 행군 시기'가 시작되면서 북한의 장기간의 식량난과 자연재해, 2009년 화폐개혁 실패, 경제파산과 북한 정부의 신뢰붕괴와 불만이 가장 큰 원인이었다. 북한식 사회주의 경제정책인 중앙배급체제는 끊어져 많은 아사자가 속출하였으며, 식량문제의 해결로 대여식량까지 출연하게 되었다. 북한에서의 대여식량은 낟알이 아닌 칡뿌리나 옥수수송치, 소나무 껍질, 등을 일컫는 말로써, 고난의 행군 시기에는 대여식량으로 사회주의를 지키려는 운동이 전국적으로 벌어졌고, 조선중앙TV를 통해 방영되기도 하였다. 학생들을 가르치는 교사들도 배급을 주지 않아 학부형들이 십시일반으로 쌀을 모아 집에 날라다 주기도 하였고, 대부분 학생들은 학교에 가는 것이 아니라, 부모님들 따라 산에 가서 나무를 하고 산나물을 캐고 온밤 음식을 함께 만들어 장마당으로 향하는 경우가 많았다. 사람의 생명을 다루는 의사들 역시 수술하다가 전기가 끊겨 초를 비상대기시키거나, 필요한 약은 장마당에서 구매하라고 권고하기도 했고, 의사들이 병원의 비상약들을 불법 처방으로 장마당에 팔아 의사들의 생계유지에 이용하였다. 북한당국도 자력갱생이라는 구호만 되풀이할 뿐 대책이 없었고, 남자들은 출근 도장을 찍고 장마당으로 나가거나 지방을 다니면서 생계유지를 할 수밖에 없었다. 이 시기에는 생존을 위한 탈북이었다.

최근 한국으로 넘어오는 북한이탈주민은 여성의 비율이 눈에 띄게 높아지고 있다. 이는 북한 여성들은 가족의 생계를 도맡아 책임을 지고 있지만 북한의 경제난이 심화되고 가시화되면서 경제활동을 위해서이다. 또한 장마당에서 중국에 대한 정보를 많이 받을 수 있는 사람이 여성이기도 하며, 중국에서의 은신이 비교적 용이하기 때문이다(장명숙, 2020).

9. 일상생활에 봤던 이주노동자의 모습을 이야기해 주세요!

10. 북한이탈주민과 관련된 영화에 관해 이야기해 주세요!

05

다문화가족의 인구학적 특성

1) 결혼이민자 및 국적취득자 현황

(1) 연도별 결혼이민자 및 국적취득자 현황

2022년 여성가족부의 다문화가족 관련 연도별 등계자료를 보면 연도별 결혼이민자 및 국적취득자 현황을 알 수 있다. 2020년 11월 기준 결혼이민자와 국적취득자는 372,884명으로 남성이 76,555명, 여성이 296,329명으로 나타났다. 구체적으로 결혼이민자는 173,756명으로 남성이 35,679명, 여성이 138,077명이며, 국적취득자(혼인귀화자+기타사유 국적취득자)는 199,128명으로 남성이 40,876명, 여성이 158,252명으로 나타났다.

〈표 5-1〉 연도별 결혼이민자 및 국적취득자 현황

(단위 : 명)

연도	계			결혼이민자			국적취득자 (혼인귀화자 + 기타사유 국적취득자)					
	계	남	여	계	남	여	계	남		여		
2020	372,884	76,555	296,329	173,756	35,679	138,077	199,128	40,876		158,252		
2019	359,610	72,312	287,298	173,882	34,628	139,254	185,728	37,684		148,044		
2018	343,797	69,515	274,282	166,882	32,858	134,024	176,915	36,657		140,258		
2017	330,188	65,507	264,681	160,653	30,745	129,908	169,535	34,762		134,773		
2016	318,948	61,544	257,404	159,501	28,728	130,773	159,447	32,816		126,631		
2015	294,663	56,652	238,011	144,912	25,263	119,649	93,249	10,308	82,941	56,502	21,081	35,421
2014	295,842	48,787	247,055	149,764	21,953	127,811	90,439	4,261	86,178	55,639	22,573	33,066
2013	281,295	45,348	235,947	147,591	20,887	126,704	83,929	4,264	79,665	49,775	20,197	29,578
2012	267,727	42,459	225,268	144,214	19,630	124,584	76,473	4,268	72,205	47,040	18,561	28,479
2011	252,764	39,825	212,939	141,654	18,561	123,093	69,804	4,317	65,487	41,306	16,947	24,359
2010	221,548	34,144	187,404	125,087	15,876	109,211	56,584	3,796	52,788	39,877	14,472	25,405
2009	199,398	30,988	168,410	125,673	15,190	110,483	41,417	2,047	39,370	32,308	13,751	18,557
2008	168,224	26,339	141,885	102,713	13,711	89,002	41,672	2,991	38,681	23,839	9,637	14,202
2007	142,015	21,905	120,110	87,964	12,497	75,467	38,991	2,624	36,367	15,060	6,784	8,276

출처: 여성가족부(2022) 재인용

외국인주민현황조사, 행정안전부, 2020.11월 기준

구체적으로 연도별 인원을 확인해 보면 2007년도 142,015명, 2008년도 168,224명, 2009년도 199,398명, 2010년도 221,548명, 2011년도 252,764명, 2012년도 267,727명, 2013년도 281,295명, 2014년도 295,842명, 2015년도 294,663명, 2016년도 318,948명, 2017년도 330,188명, 2018년도 343,797명, 2019년도 359,610명, 2020년도 372,884명으로 지속적으로 증가하였다.

2010년도에는 전체 221,548명으로 10년간 151,336명이 증가하였다. 특히, 국적취득자는 2010년 56,584명에서 2020년 199,128명으로 10년간 142,544명이 증가하였다. 2배 이상 증가한 것으로 앞으로도 지속될 것으로 예상되고 있다.

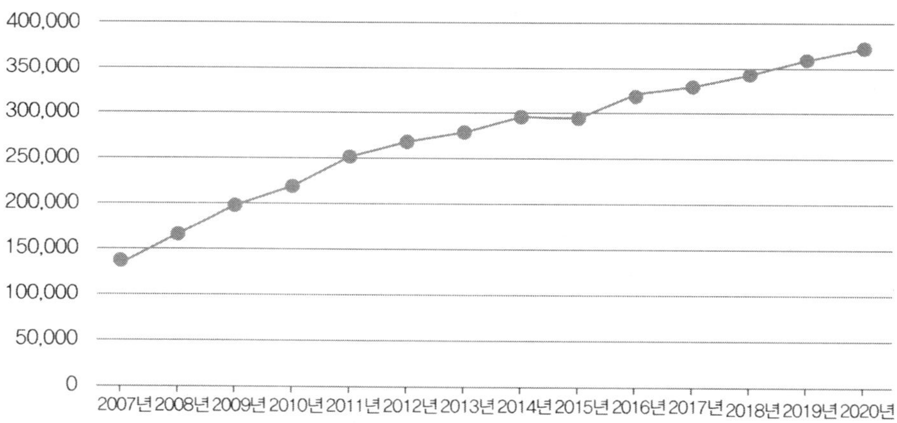

★ 〈그림 5-1〉 연도별 결혼이민자 및 국적취득자 추이

(2) 지역별 결혼이민자 및 국적취득자 현황

2020년도 지역별 결혼이민자 및 국적취득자 현황을 보면 전체인원이 372,884명으로 경기도가 118,883명으로 전체 32%를 차지하였다. 다음으로 서울이 75,430명 20%, 인천이 27,871명으로 7%이다. 더부분이 수도권 주변에 집중되어 있다. 기타지역은 경남(2C,778명), 충남(17,978명), 경북(15,756명), 부산(13,787명), 전남(13,148명), 전북(12,004명), 충북(11,486명), 대구(10,143명), 강원(명), 광주(7,206명), 울산(6,843명), 대전(6,766명), 제주(5,207명), 세종(1,607명) 순으로 나타났다.

결혼이민자는 173,756명으로 남성이 35,679명, 여성이 138,077명이다. 지역으로 보면 경기도가 52,907명(남성 12,366명, 여성 40,541명)으로 가장 많다. 그다음으로 서울이 31,661명(남성 10,071명, 여성 21,590명), 인천이 11,771명(남성 2,812명, 여성 8,959명)으로 나타났다. 국적취득자는 199,128명으로 남성이 40,876명, 여성이 158,252명이다. 지역으로 보면 경기도가 65,976명(남성 16,401명, 여성 49,575명)으로 가장 많다. 그다음으로 서울이 43,769명(남성 13,199명, 여성 30,570명), 인천이 16,100명(남성 4,167명, 여성 11,933명)으로 나타났다.

〈표 5-2〉 지역별 결혼이민자 및 국적취득자 현황

(단위 : 명)

연도	계(자녀 제외)			결혼이민자			국적취득자		
	계	남	여	계	남	여	계	남	여
계	372,884	76,555	296,329	173,756	35,679	138,077	199,128	40,876	158,252
서울	75,430	23,270	52,160	31,661	10,071	21,590	43,769	13,199	30,570
부산	13,787	2,076	11,711	7,365	1,307	6,058	6,422	769	5,653
대구	10,143	1,395	8,748	5,474	913	4,561	4,669	482	4,187
인천	27,871	6,979	20,892	11,771	2,812	8,959	16,100	4,167	11,933
광주	7,206	833	6,373	3,723	548	3,175	3,483	285	3,198
대전	6,766	924	5,842	3,538	521	3,017	3,228	403	2,825
울산	6,843	1,009	5,834	3,461	548	2,913	3,382	461	2,921
세종	1,607	272	1,335	878	166	712	729	106	623
경기	118,883	28,767	90,116	52,907	12,366	40,541	65,976	16,401	49,575
강원	7,991	713	7,278	3,927	391	3,536	4,064	322	3,742
충북	11,486	1,480	10,006	5,670	785	4,885	5,816	695	5,121
충남	17,978	2,362	15,616	9,032	1,166	7,866	8,946	1,196	7,750
전북	12,004	900	11,104	6,059	554	5,505	5,945	346	5,599
전남	13,148	754	12,394	6,755	422	6,333	6,393	332	6,061
경북	15,756	1,478	14,278	7,987	940	7,047	7,769	538	7,231
경남	20,778	2,489	18,289	10,661	1,709	8,952	10,117	780	9,337
제주	5,207	854	4,353	2,887	460	2,427	2,320	394	1,926

출처: 여성가족부(2022) 재인용

외국인주민현황조사, 행정안전부, 2020.11월 기준

(3) 국적별 결혼이민자 및 국적취득자 현황

2020년 국적별 결혼이민자 및 국적취득자 현황을 보면 한국계 중국이 121,615명으로 전체 32.6%로 가장 높게 나타났다. 그다음으로 베트남 85,283명 22.9%, 중국 71,145명 19.1%로 나타났다.

〈표 5-3〉 국적별 결혼이민자 및 국적취득자 현황

(단위 : 명)

국적	'07	'08	'09	'10	'11	'12	'13	'14	'15	'16	'17	'18	'19	'20
합계	142,015	168,224	199,398	221,548	252,764	267,727	281,295	295,842	294,663	318,948	330,188	343,797	359,610	372,884
중국 (한국계)	59,902	70,901	77,853	87,565	88,922	97,796	100,524	103,194	103,171	110,619	114,101	119,989	123,967	121,615
중국	33,577	39,434	53,864	60,183	69,671	65,832	67,944	71,661	59,813	64,524	67,257	68,304	68,064	71,145
베트남	16,305	21,306	31,080	34,913	42,159	47,754	52,323	56,332	62,072	66,554	69,774	72,137	80,773	85,283
필리핀	7,146	8,033	10,150	10,868	12,428	13,829	15,256	16,473	17,576	18,247	13,695	19,199	19,834	20,473
일본	6,742	6,653	5,742	5,594	11,070	11,705	12,338	12,875	11,391	11,278	12,117	12,302	12,247	13,550
캄보디아[1]	-	-	-	3,354	4,422	5,316	5,684	6,184	6,902	7,221	7,621	7,958	8,575	8,903
몽골	1,605	2,121	2,591	2,665	2,959	3,068	3,186	3,257	3,308	3,394	3,523	3,663	3,905	4,052
태국	1,566	1,896	2,291	2,350	2,914	2,918	2,975	3,088	3,069	3,328	3,803	4,526	5,312	6,468
미국	1,436	1,750	1,911	1,890	2,598	2,747	3,081	3,350	5,368	7,377	7,711	8,402	8,041	9,139
러시아	997	1,854	1,162	1,279	1,827	1,943	2,025	1,976	1,937	1,395	2,253	1,892	2,093	2,376
대만	5,696	4,336	1,211	1,856	1,836	2,390	2,661	2,953	4,298	4,552	5,308	4,066	5,952	6,345
기타	7,043	9,940	11,543	9,031	11,958	12,429	13,298	14,499	15,758	19,959	13,025	21,359	20,847	23,535

출처: 여성가족부(2022) 재인용

외국인주민현황조사, 행정안전부, 2020.11월 기준

1) 캄보디아의 경우 2009년 이전에는 '기타'에 포함되었다.

2) 다문화가족 자녀의 현황

(1) 다문화가족 자녀 연령별 현황

2020년도 다문화가족 자녀 연령별 현황을 보면 275,990명으로 만 6세 이하가 115,579명, 만 7세~12세는 107,286명, 만 13세~15세는 34,445명, 만 16세~18세 18,680명으로 연령이 낮은 집단에 인원수가 더 높게 나타났다.

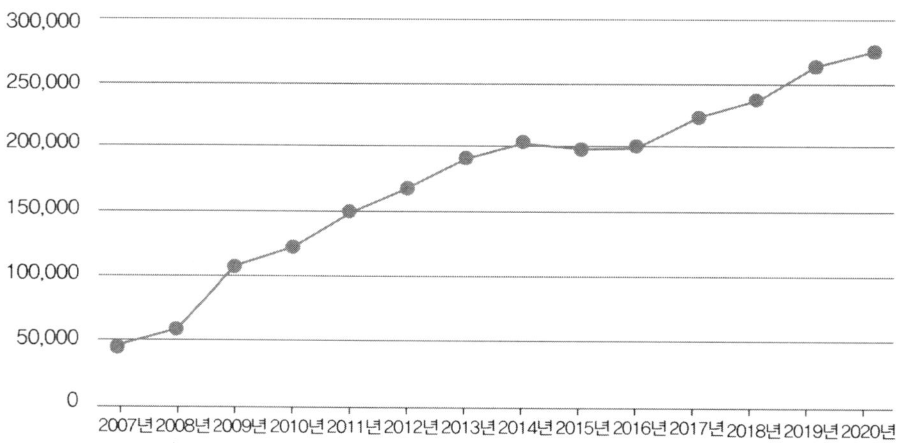

★ 〈그림 5-2〉 연도별 다문화가족 자녀 추이

연도별로 보면 〈그림 5-2〉와 〈표 5-4〉와 같이 2007년 44,258명, 2008년 58,007명, 2009년 107,689명, 2010년 121,935명, 2011년 151,154명, 2012년 168,583명, 2013년 191,328명, 2014년 204,204명, 2015년

197,550명, 2016년 201,333명, 2017년 222,455명, 2018년 237,506명, 2019년 264,626명, 2020년 275,990명으로 지속적으로 증가하고 있다.

〈표 5-4〉 연도별 다문화가족 자녀 현황

(단위 : 명)

연도	연령별 현황				
	계	만6세 이하	만7~12세	만13~15세	만16~18세
2020	275,990	115,579	107,286	34,445	18,680
2019	264,626	117,045	104,064	26,524	16,993
2018	237,506	114,125	92,368	19,164	11,849
2017	222,455	115,085	81,826	15,753	9,791
2016	201,333	113,506	56,768	17,453	13,606
2015	197,550	116,068	61,625	12,567	7,290
2014	204,204	121,310	49,929	19,499	13,466
2013	191,328	116,696	45,156	18,395	11,081
2012	168,583	104,694	40,235	15,038	8,616
2011	151,154	93,537	37,590	12,392	7,635
2010	121,935	75,776	30,587	8,688	6,884
2009	107,689	64,040	28,922	8,082	6,645
2008	58,007	33,140	18,691	3,672	2,504
2007	44,258	26,445	14,392	2,080	1,341

출처: 여성가족부(2022) 재인용

외국인주민현황조사, 행정안전부, 2020.11월 기준

(2) 다문화가족 자녀 연령별 현황

2020년 다문화가족 자녀 유형별 현황을 보면 총계가 275,990명으로 국내출생이 261,646명, 귀화 및 외국국적이 14,344명으로 나타났다. 2019년에는 총계가 264,626명으로 국내출생이 251,966명, 귀화 및 외국국적이 12,660명이고, 2018년에는 총계가 237,506명, 국내출생이 226,145명, 귀화 및 외국국적이 11,361명으로 나타났다.

2018년부터 2020년까지 다문화가족 자녀의 국내출생과 귀화 및 외국국적의 비율을 파악하였다. 국내출생이 약 95%를 차지하고 귀화와 외국국적이 약 5%를 차지하였다. 지속적으로 이와 같은 비율이 나타나고 있다.

〈표 5-5〉 연령별 다문화가족 자녀 현황

(단위 : 명)

연도		연령별 현황				
		계	만 6세 이하	만 7~ 12세	만 13~ 15세	만 16~ 18세
2020	총계	275,990	115,579	107,286	34,445	18,680
	국내출생	261,646	111,913	101,849	31,672	16,212
	귀화 및 외국국적	14,344	3,666	5,437	2,773	2,468
2019	총계	264,626	117,045	104,064	26,524	16,993
	국내출생	251,966	113,920	99,144	24,068	14,834
	귀화 및 외국국적	12,660	3,125	4,920	2,456	2,159
2018	총계	237,506	114,125	92,368	19,164	11,849
	국내출생	226,145	111,338	87,888	17,100	9,819
	귀화 및 외국국적	11,361	2,787	4,480	2,064	2,030

출처: 여성가족부(2022) 재인용

외국인주민현황조사, 행정안전부, 2020.11월 기준

(3) 시도별 다문화가족 자녀 수

2020년도 다문화가족 자녀 수는 275,990명으로 경기도가 73,884명으로 전체 27%를 차지하였다. 다음으로 서울이 37,517명 14%, 경남이 20,194명으로 7%이다. 그 밖에 인천, 충남, 전남, 경븍이 6%로 나타났다.

〈표 5-6〉 시도별 다문화가족 자녀 현황

(단위 : 명)

시도	'07	'08	'09	'10	'11	'12	'13	'14	'15	'16	'17	'18	'19	'20
합계	44,258	58,007	107,689	121,935	151,154	168,583	191,328	204,204	197,550	201,333	222,455	237,506	264,626	275,990
서울	5,305	7,500	16,772	19,014	24,084	26,008	29,285	30,226	30,447	30,761	31,052	32,930	36,532	37,517
부산	2,269	3,057	5,091	5,698	6,837	7,375	8,311	9,022	9,157	8,852	10,181	10,772	11,872	12,263
대구	2,019	2,254	3,656	3,904	4,475	5,125	5,829	6,305	6,423	6,388	7,501	7,985	8,919	9,170
인천	2,313	3,054	6,662	7,805	8,868	9,552	11,082	11,964	11,845	12,440	13,609	14,643	16,570	17,432
광주	1,231	1,608	2,420	2,752	3,403	3,926	4,519	4,997	5,090	4,881	5,597	5,978	6,651	6,845
대전	824	985	2,441	2,881	3,439	3,847	4,365	4,666	4,561	4,594	5,255	5,522	6,119	6,336
울산	884	1,068	2,489	2,798	3,233	3,582	4,092	4,437	4,376	4,400	4,962	5,197	5,694	5,899
세종	-	-	-	-	-	-	563	660	729	829	973	1,154	1,367	1,472
경기	6,617	11,131	25,648	29,953	37,519	42,365	48,138	51,960	50,313	52,446	56,584	61,476	69,439	73,884
강원	2,366	2,590	4,017	3,900	5,161	5,780	6,498	6,917	6,042	6,046	6,824	7,121	7,878	8,119
충북	2,288	2,584	3,748	4,710	5,675	6,445	7,272	7,718	7,089	7,424	8,381	8,963	10,047	10,513
충남	3,432	3,421	6,399	6,953	9,119	10,023	11,010	11,863	10,908	11,574	13,021	13,868	15,326	15,927
전북	3,275	4,283	5,474	5,849	7,755	8,766	9,989	10,316	9,744	9,751	11,256	11,864	12,906	13,336
전남	4,153	4,902	7,279	7,453	9,764	10,763	12,149	12,832	11,524	11,590	13,167	13,815	15,202	15,622
경북	3,289	4,235	6,353	7,715	9,246	10,251	11,574	12,578	11,775	11,755	13,721	14,491	15,999	16,627
경남	3,599	4,601	8,060	9,260	10,996	12,762	14,294	15,143	14,476	14,388	16,720	17,723	19,578	20,194
제주	394	734	1,180	1,290	1,580	2,013	2,358	2,600	3,051	3,214	3,651	4,004	4,527	4,834

출처: 여성가족부(2022) 재인용

외국인주민현황조사, 행정안전부, 2020.11월 기준

(4) 국적별 다문화가족 자녀 수

2020년 국적별 다문화가족 자녀 수를 보면 베트남이 93,617명, 중국이 50,662명, 한국계 중국이 41,529명, 필리핀이 24,243명, 캄보디아가 11,301명, 미국이 9,708명, 일본이 7,932명, 태국이 4,389명, 몽골이 3,678명, 대만이 3,609명, 러시아가 1,386명, 기타가 23,936명으로 나타났다.

〈표 5-7〉 국적별 다문화가족 자녀 현황

(단위 : 명)

국적	'07	'08	'09	'10	'11	'12	'13	'14	'15	'16	'17	'18	'19	'20
합계	44,258	58,007	107,689	121,935	151,154	168,583	191,328	204,204	197,550	201,333	222,455	237,506	264,626	275,990
중국(한국계)	14,201	16,681	18,669	31,404	33,186	39,278	42,294	43,890	35,439	36,610	38,090	39,642	41,149	41,529
중국	7,716	10,889	35,932	29,800	34,852	33,231	37,084	38,824	40,351	37,963	43,197	44,016	49,826	50,662
베트남	5,062	8,194	22,491	27,517	34,256	41,238	49,458	54,737	57,464	56,468	71,864	77,218	88,476	93,617
필리핀	6,013	6,378	10,687	11,926	13,937	15,820	18,020	19,568	19,918	20,146	22,270	22,873	24,502	24,243
일본	6,016	6,508	6,838	5,734	14,510	16,237	17,806	18,185	7,773	9,485	6,886	6,930	7,858	7,932
캄보디아	–	–	–	2,554	3,565	4,690	5,961	6,777	7,016	6,909	9,448	10,037	10,850	11,301
몽골	405	816	1,681	1,807	2,250	2,468	2,802	2,952	2,771	2,719	3,132	3,212	3,607	3,678
태국	799	870	1,563	1,711	2,082	2,427	2,663	2,767	2,254	2,543	2,609	2,875	3,944	4,389
미국	852	2,406	683	821	1,207	1,422	1,697	1,855	6,140	5,874	4,899	5,581	8,417	9,708
러시아	263	303	736	766	1,090	1,139	1,289	1,319	1,017	1,058	1,155	1,034	1,304	1,386
대만	878	1,515	770	1,129	1,191	1,615	1,758	1,892	2,877	2,522	2,995	3,081	3,543	3,609
기타	2,053	3,447	7,639	6,766	9,028	9,018	10,496	11,348	14,530	19,036	15,910	21,007	21,150	23,936

출처: 여성가족부(2022) 재인용

외국인주민현황조사, 행정안전부, 2020.11월 기준

3) 다문화가족의 등록 장애인

2021년 다문화가족실태조사에 따르면 가족 내 등록 장애인이 있는 다문화가족은 7.3%로 나타났다. 2015년 6.4%, 2018년 5.8%에 비해 높게 나타난다. 가구소득기준이 낮을수록 등록 장애인 가구 비율이 높아지는 것으로 나타난다. 가구소득 600만 원 이상 가구에서의 등록 장애인 비율은 3.8%에 불과하나, 가구소득 100만 원 미만 가구는 16.9%로 나타났다. 가족 구성원 중 결혼이민자·귀화자의 배우자가 장애인인 비율이 54.1%로 가장 높게 나타났고, 배우자의 부모는 18.0%, 결혼이민자·귀화자 본인은 14.9%, 자녀는 10.7%, 본인의 부도가 1.3% 순으로 나타났다. 그리고 다문화가족 중 국민기초생활보장 지원을 받는 가구 비율은 6.4%로 2015년 5.1%, 2018년 5.7%에 비해 점차 증가하였다.

11. 다문화가족의 지역분포에 대해 어떻게 생각하는지 이야기해 주세요!

12. 다문화가족 내 등록 장애인 현황에 대해 어떻게 생각하는지 이야기해 주세요!

06

다문화가족 형성과 부부

1) 다문화가족 형성과 혼인관계

(1) 다문화가족의 형성배경

1990년대 이전의 다문화가족은 주로 미군이나 일본인과의 결혼을 통해 나타났다. 특히 미군 기지촌을 중심으로 발생한 사례가 대부분이며, 경제적 이유와 한국 내 국제결혼에 대한 차별로 대부분 미국 이주를 한 경우가 많다. 1980년 이후 한국의 국력과 경제력의 성장하면서 외국인의 국내 유입과 한국인의 해외 진출로 인한 결혼이 증가하게 되었다. 아직까지는 국제결혼을 통한 해외 이주의 목적이 강하였다. 과거 국제결혼은 우리나라의 역사적 과정에서 극히 소수에 의해 이루어지는 특별한 결혼형태로 여겨졌다. 단일문화와 민족주의가 강했던 우리나라의 폐쇄성을 고려할 때 국제결혼은 단일민족의 순수 혈통을 무너뜨리는 현상으로 인식하고 쉽게 이해할 수 없는 결혼으로 생각하였다. 사회적으로 거부하는 분위기 또한 강했다. 국제결혼을 하는 사람들은 가족들의 반대와 주위의 부정적인 시선까지 감안해야 했다.

1990년대 이후에는 우리나라의 경제성장과 한류의 영향으로 대한민국의 위상이 높아지면서 중국여성과 동남아여성을 상대로 한 국제결혼이 증가하였다. 도시화로 인해 농촌총각들의 결혼 문제, 출산율 감소로 인한 대안의 부재를 해결하기 위해 정책적으로 국제결혼이 추진되었다. 북한이탈주민(새터민)의 유입도 증가되면서 새로운 형태로 자리잡게 되었다(이근매 외, 2014). 구체적으로 우리나라에서 국제결혼에 의해 다문화가족이 형성된 사회문화적 배경은 크게 여섯 가지로 볼 수 있다(장은정, 2007; 박경동, 2007).

첫째, 1990년 중반 이후의 외국인 여성과 우리나라 남성 간의 국제결혼은 '이주의 여성화' 현상과 순조롭지 않았던 한국 결혼시장 구조와 결합된 현상이다. 취업이나 남편에 대한 경제적 욕구와 가족 돌봄이라는 목적을 가진 이주여성과 결혼이 어려운 농촌총각과 일부 도시 저소득층 남성의 결혼욕구가 결합하여 발생되었다.

둘째, 한국의 국제결혼 성립과정은 배우자 선택과정의 원리인 '결혼경사 현상'으로 설명된다. 여성의 배우자 선택 과정에서 자신의 사회·경제적, 그 외의 여러 가지 측면에서 자신보다 우월한 위치에 있는 남성을 배우자로 선택하고자 하는 욕구를 바탕으로 결혼이주여성들이 한국인 배우자를 선택하게 되었다는 점이다.

셋째, 인구학적으로 남녀 성비의 불균형 현상도 큰 원인으로 작용했다. 아들 선호로 인해 남녀의 성비가 불균형적으로 나타났다. 결혼적령기 여성의 부족, 고학력 - 전문직 여성을 중심으로 여성들이 남성 배우자를 선택하는 기준이 높아지면서 국내 결혼이 어려워졌다.

넷째, 국제결혼 중개시스템의 발달로 인해 결혼이주여성이 한국의 남성과 결혼할 수 있는 기회나 정보가 많아지게 되었다. 남성들의 입장에서도 만남을 가질 수 있는 폭이 확대되어 국제결혼의 증가로 이어졌다.

다섯째, 한류의 영향이 크다고 볼 수 있다. 한국대중문화와 우리나라의 경제력 상승으로 우리나라에 대한 선호도가 높아졌다. 한국인 배우자와의 결혼에 대한 수요가 급증한 것도 하나의 원인이 될 수 있다.

여섯째, 중앙정부와 지방자치단체 차원의 적극적인 국제결혼이 추진되었다. 농촌 총각 장가보내기 사업이라는 명분하에 결혼을 통해 출산율 제고와 인구확보를 추진하였다. 이는 정치적 문제와도 결합되면서 지방자치단체를 중심으로 강력한 정책이 추진되었다.

(2) 혼인관계

2021년 다문화가족실태조사에 따르면 배우자와 만나게 된 경로는 스스로 만난 경우가 31.6%로 가장 높게 나타났고, 친구 또는 동료의 소개 28.2%, 결혼중개업체 20.0%, 가족 또는 친척의 소개 16.9%로 나타났다. 중개업체를 통한 만남이 2015년 20.8%, 2018년 21.1%, 2021년에는 20.0%로 나타났다. 20대 여성의 약 35% 이상이 중개업체를 통해 배우자를 만났으며, 출신 국가별로는 베트남 48.8%, 캄보디아 48.0%, 필리핀 26.1%로 나타났다.

2022년 통계청 자료에 의하면 총 혼인 건수는 192.5천 건이며, 외국인과 혼인한 건수는 13.1천 건으로 전체 6.8%를 차지하고 있다.

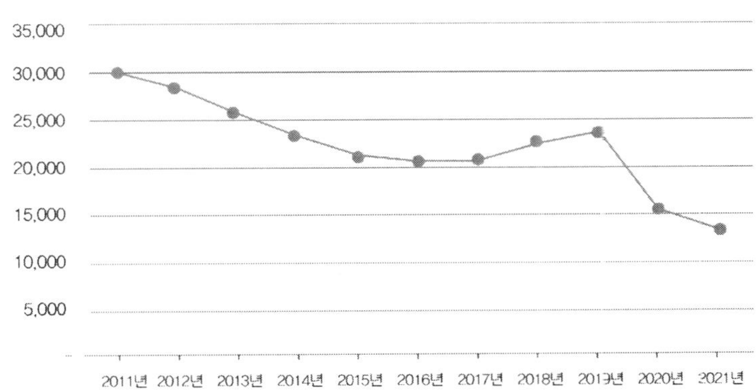

★ 〈그림 6-1〉 외국인과의 혼인 건수 추이

〈그림 6-1〉과 〈표 6-1〉과 같이 연도별로 결혼 건수를 보면 2011년 29.8천 건, 2012년 28.3천 건, 2013년 26.0천 건, 2014년 23.3천 건, 2015년 21.3천 건, 2016년 20.6천 건, 2017년 20.8천 건, 2018년 22.7천 건, 2019년 23.6천 건, 2020년 15.3천 건, 2021년 13.1천 건으로 나타났다. 2019년도를 제외하고 점점 감소하였다.

〈표 6–1〉 우리나라 총 혼인 건수 및 외국인과의 혼인 건수

(단위 : 천 건, %)

	2011	2012	2013	2014	2015	2016	2017	2018	2019	2020	2021	전년 대비 증감	전년 대비 증감률
총 혼인건수	329.1	327.1	322.8	305.5	302.8	281.6	264.5	257.6	239.2	213.5	192.5	-21.0	-9.8
외국인과의 혼인	29.8	28.3	26.0	23.3	21.3	20.6	20.8	22.7	23.6	15.3	13.1	-2.2	-14.6
* 한국남자+외국여자	22.3	20.6	18.3	16.2	14.7	14.8	14.9	16.6	17.7	11.1	9.0	-2.1	-19.1
* 한국여자+외국남자	7.5	7.7	7.7	7.2	6.6	5.8	6.0	6.1	6.0	4.2	4.1	-0.1	-2.9
외국인과의 혼인 비중	9.0	8.7	8.0	7.6	7.0	7.3	7.9	8.8	9.9	7.2	6.8	-0.4	-

출처 : 2022년 통계청 자료 (혼인·이혼통계)

현재의 배우자와 혼인을 지속해온 기간은 평균 11.14년이며, 배우자가 있는 결혼이민자 · 귀화자 중 97.1%는 현재 배우자와 함께 살고 있었다. 주말 부부 등 배우자와 동거하지 않는 경우는 2.9%로 나타났다. 이혼 · 별거 상태는 절반 정도가 성격 차이가 50.7%, 경제적 문제 14.0%, 학대 폭력 8.8%, 외도 등 애정문제 7.5%, 배우자 가족과의 갈등 5.9% 등의 순이었다. 특히 학대 · 폭력 때문에 이혼과 별거에 이르게 된 경우는 2015년 5.6%, 2018년 8.6%, 2021년 8.8%로 지속적으로 증가하고 있다.

구체적인 이혼 · 별거 사유를 연령별로 보면 20대에서는 자녀 문제

4.7%, 학대 · 폭력 11.5%였으며, 30대에서는 학대 · 폭력이 13.7%로 매우 높았다. 40대 이상의 연령층에서는 경제적 이유가 9.1%가 높게 나타났다. 이혼 · 별거 후 자녀가 있는 결혼이민자 · 귀화자들 중 93.3%는 이혼 후에도 스스로 자녀 양육을 책임지고 있다. 이들 중 자녀 양육비를 배우자로부터 한 번도 양육비를 받은 적이 없다는 경우는 59.5%로 가장 많으며, 지속적으로 받고 있는 사람은 21.4%에 불과했다. 이혼 · 별거 후 자녀를 직접 양육하지 않는 결혼이민자 · 귀화자들이 정기적으로 자녀를 만나고 있는 경우는 73.9%이며, 특별한 일이 있을 때 만난다는 경우 15.7%, 편지나 전화 등 간접적 연락이 10.4%로 나타났다.

2021년 총 이혼 건수는 101.7천 건이며, 외국인과 이혼한 건수는 6.2천 건으로 전체 6.1%를 차지하고 있다.

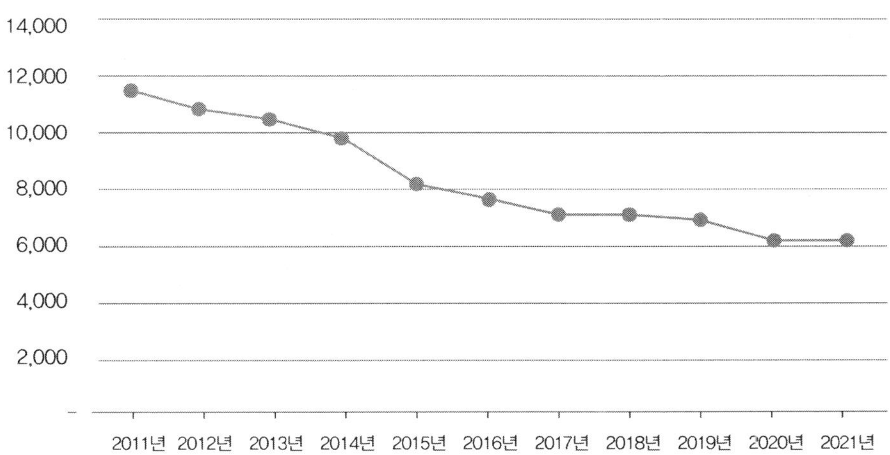

★ 〈그림 6-2〉 외국인과의 이혼 건수 추이

〈그림 6-2〉와 〈표 6-2〉와 같이 연도별로 이혼 건수를 보면 2011년 11.5천 건, 2012년 10.9천 건, 2013년 10.5천 건, 2014년 9.8천 건, 2015년 8.2천 건, 2016년 7.7천 건, 2017년 7.1천 건, 2018년 7.1천 건, 2019년 6.9천 건, 2020년 6.2천 건, 2021년 6.2천 건으로 나타났다. 이혼하는 건수는 점점 감소하였다.

이와 같은 결과는 다양한 요인과 함께 생각해야 한다. 결혼적령기의 인원수와 혼인에 대한 시대의 전반적인 분위기도 고려해야 한다. 과거에 비해 결혼을 늦게 하거나 결혼을 하지 않는 경향이 있으며, 결혼수의 감소는 자연스럽게 이혼 수의 감소와 연결이 될 수 있다.

〈표 6–2〉 우리나라 총 이혼 건수 및 외국인과의 이혼 건수

(단위 : 천 건, %)

	2011	2012	2013	2014	2015	2016	2017	2018	2019	2020	2021	전년 대비 증감	전년 대비 증감률
총 이혼건수	114.3	114.3	115.3	115.5	109.2	107.3	106.0	108.7	110.8	106.5	101.7	-4.8	-4.5
외국인과의 이혼	11.5	10.9	10.5	9.8	8.2	7.7	7.1	7.1	6.9	6.2	6.2	-0.0	-0.0
한국남자+외국여자	8.3	7.9	7.6	7.0	5.7	5.6	5.2	5.2	4.9	4.4	4.3	-0.1	-1.4
한국여자+외국남자	3.1	3.0	2.9	2.8	2.5	2.1	1.9	2.0	2.0	1.8	1.9	0.1	3.5
외국인과의 이혼 비중	10.1	9.5	9.1	8.4	7.5	7.1	6.7	6.6	6.2	5.8	6.1	0.3	-

출처 : 2022년 통계청 자료 (혼인·이혼통계)

2) 부부의 역할과 갈등

(1) 다문화가족의 부부 역할과 소통

2021년 다문화가족실태조사에 따르면 배우자가 있는 결혼이민자·귀화자들의 배우자 관계 만족도는 20대의 젊은 층과 5년 미만의 단기 거주자가 만족도가 높았다. 부부간 연령 차이가 5년 미만보다 15년 이상으로 연령 격차가 커지면 배우자 관계 만족도도 낮아지는 경향이 있다. 가정 내 부부간 역할들을 보면 가사노동, 자녀 돌봄, 가족원 돌봄의 3영역에서 여성들이 대부분 맡아서 하였다. 남성들도 가사노동과 돌봄 노동을 주로 여성들이 맡아서 하는 일이라고 인식하고 있었다. 단, 저축과 대출 등 재산관리는 주로 남성들이 하고 있었다.

결혼이주여성들의 정착과 적응을 위해 중요한 요소는 가족과의 심리적 정서적 결합이다. 이들은 초기 입국하여 가장 많이 의지하는 사람이 배우자이며, 가족을 통해서 한국사회의 문화, 생활방식, 가치관을 형성하게 된다. 한국사회의 정착과 적응을 위해 필수 전제가 한국어 습득이다. 그러나 한국어 습득은 하루아침에 이루기 어려운 과제이다. 결혼이주여성의 한국어 능력이 어려운 경우 가족구성원 간에 의사소통의 어려움과 부재로 오해가 생기고 가족해체로 연결될 수 있다.

결혼이주여성의 한국어 능력 향상이 반드시 의사소통 증가로 이어진다고 볼 수 없다. 자신이나 집안에 어려운 일이 발생했을 때 의논할 상대가 없는 결혼이주여성이 많다. 그래서 자국 출신의 이주여성들과의 소통을 통해서 문제를 해결하고자 하는 경우가 많이 발생한다.

(2) 다문화가족의 부부 갈등

결혼이주여성과 배우자 사이에는 문화적 갈등이 많이 발생한다. 문화적 갈등은 문화적 배경의 차이에서 오는 문제이다. 한국문화와 한국적인 생활방식을 요구하는 배우자와 배우자 가족 간의 갈등으로 인해 고통을 받을 수 있다. 또한, 가부장적 권위의 남편과 시댁 문화에서 문화 갈등을 많이 경험할 수 있다. 유교적 문화, 남존여비사상, 시부모와의 관계에 대한 몰이해, 관혼상제의 미숙, 한국요리의 어려움, 종교와 가치관의 차이, 음주와 사생활의 차이 등으로 갈등이 빚어질 수 있다(최선화 외, 2014). 지역사회의 문화적 대응력 부족의 문제이다. 다문화에 대한 지역주민의식의 인식 부족과 부재, 문화적 접촉의 증가에 따른 문화 충격과 갈등에 대한 공식적·제도적 대응책이 부재한 상황에서 지역사회 내에서 발생하는 다문화적 상황으로 인한 갈등이 발생하게 된다. 특히 지역사회에 통합되지 못한 결혼이주여성 가정과 지역사회 사이의 갈등이 사회문제의 원인으로 작용할 수 있다.

다문화가족 부부 사이의 문화적 차이는 남성보다는 여성이, 나이는 젊을수록, 국내 거주기간이 짧을수록, 부부간 연령 차이가 크게 날수록 서로 다른 문화적 차이를 많이 경험하고 있다. 구체적인 부부간 문화적 차이가 나는 비중은 식습관, 의사소통 방식, 자녀 양육과 교육 방식, 가족 행사와 가족 의례 순이었다.

배우자와의 갈등 경험은 전체 46.3%가 있다고 하였으며, 결혼이민자·귀화자의 부부갈등 경험률은 과거에 비해 낮아지고 있었다. 기타 귀화자보다는 결혼이민자가, 남성보다는 여성이 부부갈등을 더 많이 경험하고 있었다. 연령별로는 20대와 30대 절반 이상이 부부 간 갈등을 겪은 적이 있다고 하였다. 부부간 연령 차이가 많은 경우, 부부 간 갈등 경험이 높아졌다.

배우자와의 갈등 이유는 '배우자의 성격, 사고방식, 가치관'이 가장 많았고, 자녀 양육과 교육문제, 생활비 등 경제 문제, 언어 소통의 어려움 순으로 나타났다. 여성들은 특히 자녀 양육·교육문제, 언어 소통의 어려움, 문화와 종교 차이, 배우자 가족과 관련된 문제 때문에 갈등을 겪었다. 연령 거주기간으로 보면, 한국 생활 초기, 결혼생활 초기에는 언어 소통의 어려움과 문화·종교 차이가 갈등의 이우로 더 많이 나타났다. 한국 거주와 혼인 기간이 10년을 경과하면 자녀 양육과 교육을 둘러싼 갈등이 더 많이 나타났다. 이는 자녀교육에 관한 갈등이 영유아기보다는 학령기로 접어들 때 더 많이 발생한다는 것을 시사하였다. 한국 생활 결혼생활이 15년 이상 지나 중장년기로 접어들면 생활비나 경제적 원인으로 인한 갈등이 좀 더 많아지는 경향이 나타난다. 문화적 배경의 차이로 인한 부부갈등 양상도 주목할 필요가 있다. 언어 소통의 어려움 때문에 부부갈등 경험은 태국(37.7%), 베트남(28.1%), 그 외 동남아시아(27.4%), 필리핀(26.9%) 출신에서 상대적으로 높게 나타났다. 자녀 양육과 교육문제로 인한 갈등은 캄보디아(33.4%), 베트남(30.7%), 러시아와 중앙아시아(27.6%) 출신이 상대적으로 많이 경험하였다. 문화와 종교의 차이는 남부아시아(17.7%)와 태국(17.5%), 러시아·중앙아시아(15.8%) 출신이 상대적으로 높게 나타났다(여성가족부, 2021).

(3) 결혼이주여성의 가정폭력 경험

결혼이주여성들은 부부간의 갈등 속 가정폭력에 노출되어 있다. 남편에게 폭력을 당하면 문제를 해결할 수 있는 방법은 많지 않은 것이 특징이다. 가정폭력과 같은 심한 갈등이 지속할 경우 이혼이나 신고가 대안이 될 수 있다. 하지만 결혼이주여성이라는 특수한 지위가 결정을 하는 데 어려움을 주고 있다. 결혼이주여성은 이민자이며 여성이라는 이중적 지위를 가지고 있기 때문이다. 우리나라에서 여성으로 겪게 되는 불평등과 문화적 정체성을 인정받기 어려운 이민자라는 이중의 불평등이 존재한다. 배우자에 의존하고 있는 체류자격, 자녀에 대한 책임감, 본국의 가족부양 등으로 인해 신고 또는 이혼을 선택하는 것이 어려운 일이다(김이선, 마경희 외, 2010; 설동훈 외, 2005; 정기선 외, 2007).

다문화가족 내에서 벌어지는 폭력 문제가 법적 제재로 진행된 경우는 적으며, 이중적 불평등이 지속해서 결혼이주여성에게 개인적 차원이 아닌 사회적 갈등문제로 이어질 수 있다. 이혼의 선택이 어려운 현실 가운데에서도 다문화가족의 이혼이 계속 지속되고 있다는 점에서 만약 다문화가족 이혼이 일정 수준 이상으로 증가한다면 지금보다는 더 큰 갈등이 표출되고 확대될 수 있을 것이다.

13. 향후 다문화가족 형성에 영향을 주는 요인은 무엇인지 이야기해 주세요!

14. 가정폭력을 경험하는 결혼이주여성에게 도움을 줄 수 있는 방법에는 이야기 해 주세요!

07

다문화가족의 사회참여와 경제활동

1) 다문화가족의 사회참여

(1) 사회적 관계의 어려움

결혼이주여성들은 사회적 관계 형성에 어려움이 있다. '사회적 관계'는 결혼이주여성이 주변 사람들과 맺는 관계를 의미한다. 한국에 정착하는 외국인은 한국의 가부장적 가족중심주의, 연고주의, 지역주의, 혈연주의 등 폐쇄적인 구조의 사회 연결망 속에서 사회 적응은 물론 관계 형성에 어려움을 겪고 있다. 결혼이주여성들이 겪고 있는 사회적 갈등을 해소하기 위해서는 그들의 한국사회에 적응과정에서 나타나는 사회적 관계망의 특징을 알아볼 필요성이 있다(김민정, 2012).

2021년 다문화가족실태 조사에 따르면 결혼이민자·귀화자의 한국어 능력에 결정적 영향을 미칠 것으로 기대되는 국내 거주기간은 상당히 길어졌음에도 불구하고 한국어 수준에는 큰 변화가 없다. 결혼이민자·귀화자가 한국생활에서 겪은 어려움을 살펴보면 언어문제(22.9%), 경제적 어려움(21.0%), 외로움(19.6%), 자녀양육 및 교육문제(16.5%), 친구·이웃 사귀기(7.6%), 가족 간 갈등(6.5%), 은행·기관 이용(6.1%), 편견과 차별(4.5%) 등의 어려움을 겪은 것으로 나타났다. 2018년도 조사와 비교하면 언어문제(0.6%p 증가)와 친구/이웃 사귀기의 어려움(0.5%p 증가), 경제적 어려움(5.2%p 감소), 외로움(4.5%p 감소), 문화차이(3.5%p 감소), 편견과 차별(2.9%p 감소), 자녀양육 및 교육(2.5%p 감소), 가족 간 갈등(1.5%p 감소)의 증감이 생겼다. 한국생활에 큰 어려움이 없는 결혼이민자·귀화자는 37.9%로 8.0%p 증가하였다. 거주기간 장기화에도 언어문제와 친구/이웃 사귀기의 어려움은 감소하기보다 오히려 증가했다. 한국 사회에서 가족 이외에 맺고 있는 사회적 관계를 살펴보면 결혼이민자·귀화자 중 39.5%가 코로나19 등 긴급 상황 시 자녀를 돌봐줄 상대가 없으며, 여가·취미생활을 함께 할 상대, 아플 때 도움 요청 상대가 없는 경우도 부족하였다. 자녀교육 의논 상대, 자신이나 집안 어려움 의논 상대가 없는 경우가 약 30%였다.

대부분의 결혼이주여성들은 배우자나 가족을 제외하고는 일상에서 가까운 관계를 유지하는 한국인들이 부족하고, 주로 출신국가에서 온 가족이나 친구들에게 어려운 일이 있을 때 도움을 청하거나 친밀성을 나누면서 정서적 안정을 취하고 있다. 자녀교육에 관한 정보를 교환하는 경우에도 출신국가 이주여성들과 긴밀한 유착관계를 형성하여 정보를 교환하며, 갑자기 어려움에 처하거나 위급한 상황이 발생했을 때에도 한국가족보다는 본국출신 이주여성에게 도움을 요청하고 있음을 알 수 있다.

한국어에 능통한 결혼이주여성의 경우도 취업이나 사회참여가 늘어났음에도 불구하고 사회적 네트워크는 강화되지 못하고 있다. 이들이 원활한 사회적 관계를 유지하지 못하는 이유 중 하나는 결혼이주여성에 대한 선입견과 편견이다. 자신들에 대한 지나친 관심과 주로 경제적인 이유로 한국 남성과 결혼했다는 선입견을 갖고 있다는 것을 부담스러워한다. 특히 상대적으로 경제수준이 낮은 출신국가에 대한 무시도 이들을 불편하게 만든다. 결혼이주여성들이 사회적 관계에서의 문제는 대부분 그들의 문화 및 정체성 등에 대한 한국사회의 무시와 편견의 태도 때문이라고 해석할 수 있다.

(2) 모임과 참여활동

인간은 누구나 행복 추구와 가족생활을 통해 각자만의 행복실현을 할 수 있다. 행복에 대한 욕구는 심리적 만족감, 물질적인 충족, 정신적 안정, 신체의 건강과 보호 등이 조화롭게 충족되어야 한다. 이와 같은 흐름은 여가와 문화생활에 대한 욕구가 증가하고 개인주의적 사고의 확산으로 삶의 질에 대한 관심이 크게 나타난다. 가족은 개인의 육체적 · 정신적 에너지를 재충전시키고, 문화적 욕구 충족, 여가와 휴양이 이루어지는 중요성을 인정하고 있다.

2021년 다문화가족실태조사를 보면 결혼이민자 · 귀화자가 참여한 모임 · 활동을 보면 출신국가 친구모임 참여자가 51.1%로 가장 많다. 학부모 모임(23.6%), 종교활동(13.0%), 지역주민모임(3.1%), 민간단체활동(4.5%), 정치활동 · 노동조합 등(0.8%)의 순서로 나타났다. 결혼이민자 · 귀화자 가운데 58.2%는 모임 · 활동 참여에 어려움이 있으며, 가장 큰 어려움은 일을 해야 해서이고, 한국어를 잘하지 못해서, 모임 · 활동에 대한 정보 부족, 참여하고 싶은 모임이 없어서, 가족을 돌봐야 해서, 길이 할 사람이 없어서 등으로 나타났다. 앞으로 고임활동 참여 의향으로는 '참여 의향 없다'가 약 25%로 나타났으며, '참여 의향 있다'는 학부모 모임을 제외한 모든 모임 · 활동에서 크게 나타났다. 실제 모임 · 활동 참여율이 코로나 19로 인해 감소하였으나 활동 참여가 제약된 상황에서 그에 대한 요구는 그만큼 절실해졌다.

(3) 차별경험과 대처 방법

최근 결혼이민자 · 귀화자가 외국 출신이라는 이유로 차별받은 적이 점차 줄어든 것으로 나타난다. 하지만, 코로나 19로 인한 팬데믹으로 사회적 관계 자체가 크게 위축된 상황을 고려해야 한다. 차별받은 것으로 직장 · 일터에서 차별받은 적이 약 70%로 가장 많고 일반 상업시설, 거리나 동네, 자녀의 학교나 보육시설, 공공기관 등으로 나타났다. 관심을 가져야 할 부분은 공공 부문에서도 차별받은 적이 있는 것과 가족 간 차별도 나타났다. 차별받은 경험 자체는 줄어들었지만, 차별받은 적이 있는 이들의 경험상으로는 차별 문제가 오히려 심각해졌다. 외국 출신이라는 이유로 차별받는 경우 참는 경우가 약 80%였으며, 가족과 친구와 상의, 별 대응을 하지 않거나 소극적으로 대응한 것으로 나타난다. 상대방에게 사과를 요구한 경우는 약 10%이며 기관에 문의 또는 신고를 하거나 인터넷 게시판 등에 글을 올린 경우는 약 2% 수준에 불과하였다. 2018년도 조사와 비교하면 참는 경우는 지속적으로 증가하고 상대방에게 사과를 요구하거나 기관에 문의 하는 경우는 감소하였다. 전반적으로 차별 문제에 적극적으로 대용하는 경향은 약화되고 있다.

2) 다문화가족의 경제활동

(1) 가구소득

자본주의적 시장경제구조 속에서 삶을 살아가는 가족은 주로 부양자의 임금노동을 통해 확보되는 근로소득에 의존해 경제생활을 하고 있다. 사회·경제적 여건은 실업이나 빈곤 등으로 인해 가족이 물질적 어려움에 직면할 위험가능성이 높아지고 있다. 현대사회에서 가족 대상의 소득유지는 의식주 등의 가족의 기본적인 욕구 해결과 자녀의 양육을 위한 최소한의 물질적 지원이다. 다문화가족의 기본적인 생활을 하는데 필요한 가구소득은 차이가 존재한다.

2021년 다문화가족실태조사에 따르면 다문화가구의 월평균 가구소득은 200~300만 원 미만이 24.8%로 가장 많고 300~400만 원 미만, 400~500만 원 미만, 100~200만 원 미만 순으로 나타났다. 전체 다문화가구의 약 50%가 200~400만 원 구간에 포진하고 있다. 2018년 조사와 비교해보면 300만 원 미만 구간의 비율은 줄어들고, 300만 원 이상 구간의 비율은 증가하였다. 다문화가구의 월평균 가구소득은 지속적으로 증가하는 추이를 유지하고 있다. 코로나19로 인한 체감된 다문화가족의 가계수입은 절반이 넘게 줄었다. 가구소득이 낮을수록 코로나19 확산으로 인한 소득감소의 영향이 크다는 점에서, 100만 원 미만을 제외하고 가구소득이 낮을수록 소득이 줄어든 비율이 증가하였다.

우리나라에서 가구소득과 밀접한 것이 주거이다. 다문화가구가 거주하는 주택 현황을 조사한 결과, 아파트 비율이 43.6%로 가장 높고, 단독주택이 33.5%로 이 두 유형이 전체 가구의 77%를 차지하는 것으로 나타난다. 다세대주택, 연립주택, 기타 순이었다. 가구소득이 높을수록 아파트에 거주하는 비율이 높아지고, 가구소득이 낮을수록 단독주택과 연립주택 거주 비율이 높아지는 특징을 보였다. 주택 소유 형태는 절반 이상이 자기 소유의 주택에 거주하였고, 보증금이 있는 월세, 전세, 무상, 보증금 없는 월세 순이었다. 자가 거주 비율은 증가하였고, 보증금이 있는 월세나, 무상, 보증금이 없는 월세 비율은 줄어든 특징이 있었다.

(2) 저소득 및 빈곤

결혼이주여성이 국제결혼을 선택하는 주요한 이유 중의 하나는 개인의 경제적 안정, 결혼을 통해 본국의 가족을 부양할 수 있다는 기대이다(김이선 외, 2010; 박경동, 2007). 결혼중개업자들도 경제적 원조를 중요한 홍보수단으로 활용하고 있다. 다문화가족의 결혼이 서로의 사랑을 전제로 하는 것이 아니라 경제적 목적을 이루기 위한 것일 경우 부부관계가 원만하지 못할 가능성이 높다(김수희, 전성희, 2012). 현실적으로 농촌과 도시 저소득층 남성들과 결혼을 하여 심각한 경제적 어려움을 겪는 경우도 많은 것으로 나타난다(김이선 외, 2010; 임형백, 2009b; 최홍 외, 2010).

결혼을 결정할 때 경제적 동기가 강할수록 한국에서 취업하기를 희망하고 아이를 갖는 것을 꺼려 자녀를 원하는 남편과 결국 이혼을 선택하는 경우도 있다(김민정, 2012). 결혼이주여성은 경제활동에 참여 시 개인적 생활의 문제, 가족이나 사회관계의 어려움 등 장기적인 갈등에 적응하면서 많은 문제 상황에 직면한다. 결혼이주여성은 경제활동 참여시 의사소통 문제, 저임금과 장시간 노동, 일-가정의 양립 등 다양한 문제점이 나타난다. 다문화가족의 경제적 상황은 일반 가족과 비교하여 평균적으로 매우 낮은 노동시장 지위, 경제적 수준의 삶을 살고 있다(전숙자 외, 2009). 저소득 및 빈곤으로 인해 결혼이주여성들은 구직활동을 하게 된다. 그러나 이들이 취업하는 일이 쉽지만은 않다. 이들은 여성 노동자 일반이 겪는 어려움인 일과 가정의 양립, 취업정보의 부족과 함께 한국어 능력 부족, 한국 문화에 대한 이해 부족, 이주로 인한 사회적 지위와 자아 정체감 혼란과 같은 이주민으로서의 어려움도 함께 해결해야 하기 때문이다(장서영 외, 2009).

다문화가족에서 언어문제를 제외한다면 결혼이주여성이 겪는 큰 어려움은 경제적 문제이다. 결혼이주여성은 한국어 습득 이전에라도 취업을 원하고 있으며. 이러한 경제적 어려움은 주로 국제결혼 한국남성의 경제력이 약하다는 점을 시사한다. 이렇게 한국인 배우자가 원하는 경제적 도움을 주지 못한다는 사실은 부부갈등의 주요 원인이 되기도 한다(박경동, 2007; 박미경 외, 2007). 대다수의 결혼이주여성들이 친정에 송금하고 있는 것으로 나타났는데, 남편이나 시댁은 대체적으로 친정으로 송금하는 것을 용인하면서도, 정기적으로 하거나 남편의 소득으로 송금하는 것에 대해서는 꺼리는 것으로 나타났다(김민정, 2012). 또한, 결혼이주여성들의 남편들도 대부분 경제 사정이 좋지 않기 때문에 처가에서 주택을 구입하거나 병원비를 이유로 송금을 요청하는 경우에 당황하기도 하는 것으로 나타났다(김유순 외, 2012).

(3) 고용과 실업

2021년 다문화가족실태조사에 따르면 결혼이민자·귀화자의 경제활동 참가율은 약 65%로 18세 이상 국민과 비교하면 경제활동참가율은 비슷한 수준이다. 연령대별로 나누어보면 50대 이하 연령층에서는 결혼이민자·귀화자의 경제활동 참가율이 해당 연령대 국민보다 낮다. 특히 30대 이하 연령층의 경제활동 참여율이 현저히 낮은 반면, 60세 이상 연령층에서는 결혼이민자·귀화자의 경제활동 참가율이 해당 연령대 국민보다 높았다. 30대 이하 결혼이민자·귀화자의 경제활동 참여가 유독 제한 된 것은 초기 적용, 임신·출산, 자녀 양육 등의 이유이다.

결혼이민자·귀화자의 고용률은 60.8%로 국민 일반보다 약간 낮은 수준이다. 지난 3년간 결혼이민자·귀화자와 18세 이상 국민 모두 고용률이 하락한 가운데 결혼이민자·귀화자의 고용률 하락 폭이 더 컸던 것으로 나타난다. 연령대별로 보면 50대 이하 연령대에서는 결혼이민자·귀화자의 고용률이 해당 연령대 국민 일반에 비해 7.0~12.3%p 낮은 수준으로 특히 30대 연령대에서 그 격차가 가장 큰 것으로 나타난다. 취업자의 직종 분포를 살펴보면, 단순노무 종사자가 32.4%로 가장 많았고, 서비스 종사자, 장치·기계조작 및 조립 종사자, 전문가 및 관련 종사자, 기능원 및 관련 기능 종사자, 판매 종사자, 사무 종사자, 농림어업 숙련 종사자 순이다. 주요 직종을 중심으로 국민 일반과 비교하면 결혼이민자·귀화자가 단순노무직, 서비스직 종사자는 월등히 많은 반면, 사무직, 전문직 종사자는 현저히 적다.

결혼이민자귀화자의 종사상 지위는 상용근로자가 47.7%로 가장 많았고, 임시근로자, 일용근로자, 고용원 있는 자영업자, 고용원 없는 자영업자, 무급가족종사자 순이다. 국민 일반과 비교하면 상용근로자는 적고 임시근로자는 많으며, 일용근로자는 월등히 많다는 점이 특징이다. 자영업자는 적고 무급가족종사자는 많아 국민 일반과 비교해 결혼이민자·귀화자의 종사상 지위는 전반적으로 열악한 것으로 나타났다.

결혼이민자·귀화자의 실업률은 5.7%로 국민 일반에 비해 2.0%p 높은 수준이다. 연령대별로 보면 30대 이상 연령층은 결혼이민자·귀화자가 해당 연령대 국민 일반보다 실업률이 높으며, 50대 결혼이민자·귀화자의 실업률은 같은 연령대 국민 일반보다 4.3%p나 높은 수준이다. 29세 이하에서는 결혼이민자·귀화자의 실업률이 같은 연령대 국민 일반보다 0.8%p 낮게 나타났다. 또한, 코로나 19사태로 결혼이민자·귀화자 가운데에는 14.3%가 해고, 폐업, 휴직/휴업 등을 경험하였다. 기타사항으로 결혼이민자·귀화자 가운데 83.8%는 현재 또는 과거에 한국계서 일한 적이 있으며 현재 비취업 상태에 있는 이들 중에서도 58.6%가 예전에 한국에서 일한 적이 있다. 한국에서 일을 시작한 시점을 보면 43.4%가 입국 후 1년이 채 되지 않은 시점에 처음 일을 시작했으며 15.0%는 입국 후 만 1년 정도에 시작하였다.

15. 외국인으로 차별을 받아 본 적이 있는지 이야기해 주세요!

16. 결혼이민자 · 귀화자는 본인의 취업(창업)과 어떤 관련성이 있을지 이야기해 주세요!

08

다문화가족의 복지와 건강

1) 다문화가족의 복지와 서비스 이용

(1) 가족복지의 필요성

사회복지가 인간 복지를 추구하는 사회적인 노력이라고 정의한다면 가족복지는 가족의 행복을 유지시키기 위해 가족생활을 보장하는 사회적 · 제도적 · 정책적 · 기술적 서비스를 총칭한다(탁순자, 2004). 이런 점에서 볼 때 가족복지는 가족생활을 보호하고, 보장하고, 강화하며, 가족구성원 개개인의 사회적 기능수행을 증진하기 위하여 시행되는 다양한 서비스 활동을 의미한다.

가족이 사회의 기본제도로서 모든 문제와 정책에 직접 · 간접적으로 영향을 받을 수밖에 없고, 사회복지의 다른 분야인 아동, 노인, 장애인, 여성문제 등과도 중첩이 되고 구분이 명확하지 않다는 점이다. 또 하나의 이유는 가족문제를 규정할 때 가족구성원 간의 상호작용이나 역할관계가 고려된 가족의 전체성을 고려하지 않고 가족복지의 대상을 실용적이고 편의적으로 개인 단위로 규정하는 경우가 많기 때문이다(조흥식 외, 1997).

가족복지는 가족구성원 개개인의 요구와 문제에 초점을 두기보다 한 단위로서 가족의 전체성에 주목하면서 가족과 가족구성원이 경험하는 문제를 예방하고 해결하여 가족이 건강하고 행복한 상태로 유지될 수 있도록 하는 제반 국가 제도와 사회적 서비스인 것이다(김익균, 2000). 산업화 이전에는 인간의 욕구와 문제가 가족에서 수행하는 다양한 기능을 통해 해결될 수 있었으나 산업화 이후에는 사회의 급격한 변화로 인해 가족이 수행하던 다양한 기능이 축소되거나 변화되었다. 이에 가족은 전통적 기능을 수행하는 데 어려움과 혼란을 겪게 되면서 이를 보완하기 위한 측면에서 가족복지의 중요성이 대두되었다.

가족복지의 필요성을 구체적으로 살펴보면 첫째, 가족과 사회와의 관계 변화이다. 과거 가족이 수행하던 주요 기능이 전반적으로 약화되어 가족 내에서 해결할 수 없는 다양한 문제를 발생시키고 있다. 가족구성원의 보호와 복지에 대한 가족의 책임이 예전보다 강조되지만 가족의 기능이 약화된 현실에서 사회적 차원에서 다양한 가족복지 서비스가 제공되어야 한다.

둘째, 가족에 대한 개입 관점의 변화이다. 1980년대 이전까지는 가족구성원의 보호는 가족의 책임이며 국가 개입이 오히려 문제를 야기한다는 입장이었지만 지금은 사회복지제도의 개혁을 추진하면서 가족에 대해 국가의 개입을 인정하는 관점으로 변화되었다.

셋째, 현대사회 속 다양한 가족 형태 등장과 다양한 욕구 충족을 위해 가족복지서비스가 필요하게 되었다. 맞벌이가족, 한부모가족, 재혼가족, 독신가족, 조손가족, 노인 단독가족, 소년소녀가장가족, 공동체가족 등 다양한 형태의 가족이 보편화되면서 기존의 가족복지정책으로는 가족의 욕구를 올바르게 인식하고 충족시키기 어렵기 때문이다.

넷째, 인간과 사회문제의 해결에 가족이 효율적인 단위라는 점이 강조되고 있다. 인간과 사회의 문제를 해결을 위한 접근 방법은 개인 대상의 개별적 접근보다 가족단위의 가족치료가 문제해결에 보다 효과적이라고 볼 수 있다(최경석 외, 2000).

다문화가족 개개인의 구성원을 보면 국가의 지원이 필요한 경우가 많이 있다. 각자의 다양한 욕구 충족을 위한 가족복지 서비스가 필요로 하다. 가족은 각자가 아닌 구성원이 서로 연결된 하나의 집합체로 구성원 간의 영향을 주고받으면서 가족 내 문제가 해소되거나 더 악화될 수 있다. 이에 효과적인 욕구 및 문제 해소를 위한 가족복지서비스 제공이 필요하다.

(2) 각종 서비스 이용

2021년도 다문화가족실태조사 결과에 따르면 결혼이민자·귀화자 가운데 초기 적응, 자녀양육·교육, 취업, 사회활동 등을 위해 필요로 하는 각종 서비스를 이용한 경험이 있는 사람은 61.9%이다. 성별에서는 여성이 65.9%, 남성은 43.1%로 여성이 높았다. 과거에 비해 남성의 서비스 이용경험률이 증가하고 있다. 서비스 종류별로 입국 전 한국생활 준비교육, 한국어·한국사회 적응교육, 가정방문을 통한 각종교육, 임신·출산 지원, 일자리 소개·알선 순으로 나타났다. 이밖에 통·번역 서비스, 자녀생활·학습지원, 부모교육, 직업훈련, 자조모임 등 사회활동 지원, 자녀언어발달지원 / 이중 언어교육도 있었다. 서비스별 지원요구는 일자리 소개·알선 서비스가 가장 높고, 한국어· 한국사회적응 교육, 입국 전 한국생활준비 교육, 각종 상담, 직업훈련 순이다. 이에 비해, 한국 학교진학 지원과 창업에 대해서는 낮은 수준이었다.

결혼이민자·귀화자들이 이용할 만한 기관, 단체 중에는 주민센터·행정복지센터에 대한 인지도가 가장 높고, 다문화기족지원센터, 고용센터 또는 고용복지플러스센터, 사회복지관, 여성새로일하기센터, 정부지원여성센터, 기타 외국인지원단체, 다누리콜센터 순으로 인지하고 있었다. 과거에는 주민센터와 다문화가족지원선터에 집중되었으나 다누리콜센터, 여성새로일하기센터, 정부지원여성센터, 기타 외국인지원 단체 등의 인지도가 다양해지고 확대되었다. 또한, 이용률을 보면 주민센터 · 행정복지센터 이용률이 가장 높고, 다문화기족지원센터, 고용센터 · 고용복지플러스센터, 여성새로일하기센터 · 정부지원여성센터, 사회복지관, 다누리콜센터, 기타 외국인지원단체 순으로 나타났다. 과거에 비해 여성새로일하기센터 · 정부지원여성센터, 다누리콜센터, 기타 외국인지원단체 이용자는 지속적으로 증가하지만, 주민센터 · 행정복지센터, 사회복지관, 다문화가족지원센터 이용률은 조금씩 감소하고 있다. 결혼이민자 · 귀화자의 욕구변화와 코로나 19로 인해 기관 이용률에 변화가 나타날 수 있다.

2) 다문화가족의 건강

건강은 인간의 생명과 관련된 직접적인 욕구이다. 따라서 건강은 모든 사람이 누려야 할 기본적 권리이며, 사회는 인권의 관점에서 건강을 보장해야 할 의무가 있다. 인간의 삶의 질을 향상시키는 차원에서 의료서비스는 질병 예방, 조기 발견과 치료를 통해 사회복귀를 돕는 의료보장이라고 볼 수 있다. 의료보장은 저소득계층과 특정 계층에 적용되는 의료보호제도와 일정한 소득과 재산을 가진 국민 대상으로 적용되는 건강보험제도가 있다.

결혼이민자 · 귀화자의 주관적 건강상태는 5점 기준에 평균 3.89점으로 과거에 비해 큰 차이는 없으나 18세 이상 국민(3.42점)과 비교해도 0.47점 높은 수준이다. 결혼이민자 · 귀화자의 우울감 경험은 27.5%로 과거에 비해 감소하고 있다. 병원 이용에서는 아파서 병원에 가고 싶을 때 가지 못한 적이 6.6%로 2015년(11.6%), 2018년(11.5%)보다 줄어들었다. 의료시설에 대한 접근성은 상당 부분 개선된 것으로 보인다. 병원에 가지 못한 가장 큰 이유로는 치료비 부담 문제가 29.9%로 가장 컸다. 다음으로 직장 일이 바빠서 병원을 가지 못한 경우, 한국어를 잘하지 못해서, 가까운 데 병원이 없어서, 육아·가사부담, 어떤 종류의 병원을 가야 할지 몰라서, 이용 절차가 복잡해서 병원을 가지 못한 경우이다.

아파도 병원에 가지 못하는 경우는 과거에 비해 감소하였으나 치료비와 직장 등 경제적 문제가 영향을 주고 있다. 작은 비중을 차지하고 있지만 병원 이용에 대한 어려움을 겪는 경우도 있어 아픈 사람에게 세심한 지원이 필요할 부분이다.

결혼이민자·귀화자의 삶에 대한 전반적 만족도는 5점 기준에 3.82점으로 18세 이상 국민 일반과 비교하면 0.68점 높은 수준이다. 국민 일반보다 높기는 하지만 연령대가 높아질수록 집단 간 격차는 줄어드는 것으로 나타난다. 노후 준비상황에서는 52.1%가 노후 준비를 하고 있지만, 47.9%는 노후 준비를 하고 있지 않은 것으로 나타났다. 노후 생활에 대한 불안 정도는 경제적 어려움이 가장 높았으며, 직업 상실 또는 고용 불안, 건강 문제, 외로움이나 소외감 순으로 나타났다.

17. 다문화가족의 효율적인 사회복지관 이용방법에 대해 이야기해 주세요!

18. 다문화가족의 병원 이용 어려움에 대해 이야기해 주세요!

09

다문화가족 자녀의 부모관계와 교육문제

1) 다문화가족 자녀의 학업과 부모관계

(1) 다문화가족 자녀의 학업

교육은 평생 동안 배우고 가르침을 통한 인간형성의 과정으로서 기본적인 생존을 위한 필수요소이다. 일상생활을 하기 위한 사회적 조건을 충족하기 위해 반드시 필요하다. 한국사회는 높은 교육열로 인해 자녀교육을 위한 지나친 사교육비 지출이 사회적인 문제가 되고 있다. 빈곤가족이 호소하는 문제 중에서 경제적 어려움과 자녀양육 및 교육문제가 가장 높은 순위를 차지하며 이는 교육격차로 인한 계층이동의 어려움과 연계되어 있다.

다문화가족의 자녀 중 학교에 진학하는 수는 2013년 55,780명, 2014년 67,806명, 2015년 82,536명, 2016년 99,186명, 2017년 109,387명, 2018년 122,212명, 2019년 137,225명, 2020년 147,378명, 2021년 160,056명으로 점점 증가하고 있다. 전체 학생 대비 비율도 지속적으로 증가하고 있다. 다문화가족 자녀의 개인적 특성을 보면 학교에 다니는 자녀가 전체의 92.3%로 거의 대부분은 학교에 다니고 있고 7.7%만이 학교에 다니지 않는 집단이다. 구체적으로 보면 초등학교에 재학이 48.3%로 가장 많고, 중학교 재학생 25.7%, 고등학교 재학생 14.3%, 대학 이상 재학생이 4.0%이다. 국내 성장은 91.3%, 외국 거주 경험은 6.2%, 외국 주로 성장이 2.5%로 나타났다.

〈표 9-1〉 다문화가족 학생 수 증가 추이

(단위 : 명)

인원수 \ 연도	2013	2014	2015	2016	2017	2018	2019	2020	2021
다문화가족 학생 수(A)	55,780	67,806	82,536	99,186	109,387	122,212	137,225	147,378	160,056
전체 학생 수(B)	6,489,349	6,294,148	6,097,297	5,890,949	5,733,132	5,592,792	5,461,614	5,355,832	5,332,044
다문화학생 비율 (A/B*100)	0.9%	1.1%	1.4%	1.7%	1.9%	2.2%	2.5%	2.8%	3.0%

출처: 교육부, 교육통계(매년 4.1 기준)

(2) 다문화가족 자녀와 부모관계

부모와 의사소통 및 관계에서는 아버지와 대화시간을 전체적으로 30분 미만이 34.7%로 가장 많고, 30분~1시간 미만, 1시간~2시간 미만, 2시간 이상, 전혀 대화하지 않음 순으로 나타났다. 어머니와의 대화시간은 30분~1시간 미만이 27.0%로 가장 많고, 30분 미만, 1시간~2시간 미만, 2시간 이상, 전혀 대화하지 않음 순이었다. 초·중등학생 다문화가족 자녀의 부모와의 관계 만족도는 5점 척도 기준으로 아버지는 3.50점, 어머니는 3.78점으로 어머니와의 관계 만족도가 더 높았다. 이를 초·중등학생 일반과 비교한 결과 초·중등학생 일반의 아버지와의 관계만족도는 3.90점, 어머니와의 관계 만족도는 4.27점으로 다문화가족의 초·중등학생의 관계만족도가 더 낮게 나타났다. 다문화가족 자녀 중 외국출신 부모 나라 언어를 더 잘하는 비율은 3.7%로 2018년도 조사결과인 5.9%보다 줄어들었다.

2) 다문화가족 자녀의 교육문제

(1) 다문화가정 자녀의 갈등과 문제

결혼이주여성들은 자녀양육과 교육문제에서 많은 어려움을 겪고 있다. 또한 이주여성들이 자녀를 양육하는 데 있어서 언어습득과 의사소통의 어려움도 큰 문제로 작용한다. 다문화가정의 자녀들은 어릴 때부터 한국말이 서투른 외국인어머니로부터 교육을 받으며 성장하기 때문에 비다문화 가정의 자녀에 비해 언어발달이 느리고, 상급 학교에 진학하고 나서도 수업에 대한 이해도 저하 및 학습 부진으로 이어진다고 한다(강성률, 2009). 어머니의 한국어실력이 좋을수록 자녀의 학교생활 적응이 높게 나타난다는 점을 통해 국제결혼 여성의 한국어 능력이 자녀의 생활에 영향을 미친다는 것을 알 수 있다(김수희, 전성희, 2012).

다문화가족 자녀들은 이렇게 비다문화 가정과는 다른 특수한 환경에서 오는 다양한 문제들에 의한 심리적·정서적 갈등을 겪으며 성장할 가능성이 높기 때문에, 부모-자녀의 관계에서도 어려움을 경험할 가능성이 크다(김수희, 전성희, 2012). 특히 다문화가족의 자녀들은 다문화가족에 속해 있다는 이유만으로 학교에서나 친구와의 관계에서 갈등과 어려움을 겪는 사례가 많은 것으로 나타났다. 다문화가족의 자녀들은 어려서부터 주위의 놀림과 집단 따돌림, 왕따, 냉대, 편견 등을 경험하며 정서적인 충격을 받게 되는 경우가 많고(김유순 외, 2012; 오성배, 2005; 이영주, 2007; 조영달, 윤희원, 박상철, 최인영, 2006), 이러한 가치관 발달·성장 과정에서의 정서적 혼란과 가치관 형성의 어려움은 다문화가족 자녀들의 사회적응과 취업, 혹은 사회적 소외나 범죄 문제까지 광범위한 영향을 미치게 될 가능성이 높다. 다문화가족의 자녀들이 사회적 소수집단으로 인정될 정도로 늘어난 경우를 가정해보면, 이들은 사회로부터 여러 가지 개인적 차별을 경험하고 동시에 교육의 부족으로 인하여 경제활동 참여 과정에서 배제나 실패를 경험할 가능성도 높기 때문에 이들과 관련된 사회갈등문제도 심화될 것이다.

(2) 다문화가족 자녀의 학교폭력 경험

다문화가족 자녀 중 92.3%가 한국에 있는 학교에 재학 중이다. 한국에서 학교를 다니다 그만둔 주된 이유를 보면, 그냥 다니기 싫어서가 54.5%로 가장 높고, 돈을 벌거나, 편입학 준비 등, 친구나 선생님과의 관계 때문에 학교를 그만두었음 순이다. 학교폭력경험은 2.3%로 2018년도 8.2% 대비 급격히 낮아졌다. 폭력 유형으로는 집단따돌림(왕따)이 전체의 49.1%로 가장 높고, 협박과 욕설이 43.7%가 경험을 했다. 집단따돌림의 경우는 2015년 34.1%, 2018년 33.4%에서 2021년에는 49.1%로 상승하였다. 채팅이나 SNS, 이메일, 휴대폰 등으로 욕설과 비방을 당했다는 2015년 10.9%, 2018년 11.4%에서 2021년 8.3%로 감소하였다. 학교폭력 대응 방안으로는 부모님 등 가족에 알린 경우가 66.0%, 학교에 알렸다 30.4%, 친구·선배와 상의했다 8.6%, 117 상담센터에 알렸다가 3.4% 등으로 대응 태도가 보다 적극적 방향으로 증가한 것으로 나타났다. 2018년 조사결과에 비해 부당하다고 생각했지만 참았다, 별다른 생각 없이 그냥 넘어갔다 등의 태도는 감소하였다. 다문화가족 자녀들이 학교생활에 잘 적응하지 못하는 이유로는 학교 공부가 어렵거나, 친구들과 어울리지 못해서가 다수를 차지하였다. 특히, 학교공부보다 친구와 어울리지 못해서의 비율이 증가하고 있다. 사교육 참여율은 67.1%로 2018년 72.0%와 비교해서 낮아졌으며, 청소년 일반 77.8%와 비교해서도 상대적으로 낮게 나타났다. 다문화가족 자녀의 사회적 차별경험은 2.1%가 있다고 하였고, 주로 친구로부터 받는 경우 69.2%로 가장 많으며 그다음으로 모르는 사람, 선생님, 이웃 등의 순으로 나타났다. 차별 시, 거의 절반에 해당하는 다문화가족 자녀들은 옳지 않다고 생각했지만 참았다가 53.4%로 가장 높았으며, 별다른 생각 없이 그냥 넘어갔다가 24.4%로 나타났다.

(3) 다문화가족 자녀의 교육지원 및 진로

다문화가족 자녀들이 가장 요구가 높은 서비스는 학습지원, 진로상담 및 진로교육, 외국출신 부모님 나라 문화 이해 교육, 학습/관계 상담, 외국출신 부모님 언어교육 등의 순이다. 모든 서비스 요구도가 2018년보다 전반적으로 증가하여 다문화 청소년들의 지원 욕구가 높아짐을 알 수 있다. 만 15세~만 24세 이하의 다문화가족 자녀들의 비재학 및 비취업 비율은 14.0%로 증가하고 있으며, 향후 3년 이내 진로계획에서는 취업이 83.4%로 가장 높았으며, 학업이나 다른 진로보다는 취업에 관심이 크다는 것을 알 수 있다.

19. 다문화가족 학생 수 증가에 대해 어떻게 생각하는지요?

20. 다문화가족 자녀의 진로계획에 어떻게 생각하는지요?

10

다문화교육의 필요성과 방향

1) 다문화교육의 필요성

(1) 다문화교육의 필요성 증가

다양한 민족집단이 한국사회에 유입되면서 인구 구성 측면뿐만 아니라 문화적 차원에서 다양성이 증가하고 있다. 그런데 한국사회의 일부를 구성하고 있는 소수집단을 포용하지 못한다면 사회갈등을 유발하는 원인으로 작용하게 될 것이다. 이들과의 상호존중과 포용, 공존의 문제는 이제 한국사회의 민주주의 실현 정도를 가늠하는 하나의 척도로 작용하고 있다. 이러한 상황에서 다문화교육의 필요성은 더욱 증가하였다. 다문화교육은 소수집단의 정착을 돕기 위한 프로그램이나 다양한 민족과 문화에 대한 지식을 습득하는 데 국한되지 않는다. 다문화교육이 필요한 실제적인 이유를 제시하면 다음과 같다(이정선 외, 2010).

첫째, 결혼이주여성, 외국인근로자 등의 유입 급증으로 인종적·언어적·문화적 배경의 다양화를 들 수 있다.

둘째, 인종적·민족적·문화적·종교적 다양성의 증가로 인하여 다문화가정이 봉착하고 있는 문제 증가를 들 수 있다.

셋째, 글로벌 시대의 도래이다. 전 지구적으로 상호연계되어 있는 위협적인 문제(국가 간, 지역 간 갈등, 오존층 파괴, 환경오염, 빈곤, 인구과잉, 핵무기, 가뭄과 기근, 심각한 질병 문제, 역병) 해결, 세계화된 무역과 경제발전에 참여하기 위해서는 전 지구적 협력이 필수불가결하며, 아울러 전 지구적인 협력을 위해서는 일정 수준의 문화 간 이해를 가진 사람이 필요하다.

넷째 평등과 민주주의의 가치를 실현한다. 인간의 기본권, 사회정의, 대안적 삶에 대한 존중, 만인에 대한 동등한 가치를 부여하기 위해서는 인종, 성, 계층 등의 차별로부터 보호받을 수 있는 교육이 필요하다. 다섯째, 다문화가정 학생의 특성을 고려한 맞춤형 교육지원이 필요하다. 여섯째, 다문화에 대한 이해 및 사회적 인식 제고, 즉 단일민족, 순혈주의의 극복을 들 수 있다.

(2) 다문화교육과 사회정의 촉진

다문화교육은 문화적 다양성에 대한 진보적 입장에 더하여 사회 내에 다양한 문화가 존재한다는 것을 인정하고, 이러한 차이를 없애야 하는 대상으로가 아니라 가치 있는 것임을 인식하도록 교육하는 것이다. 또한 다문화교육은 사회정의를 촉진함으로써 학교와 사회에서 나타나는 모든 형태의 차별에 도전하는 것이다. 따라서 다문화교육은 학교교육과정에서 인종차별, 성 차별, 언어차별, 장애인차별, 연령차별, 종교적 불관용, 외국인 혐오와 관련된 이슈를 직접적으로 다룬다. 이처럼 다문화교육을 통해 교사와 학생 그리고 학생들 상호 간에 배려하는 공동체를 형성해야 한다고 주장한다. 타인을 배려하는 과정에서 자신의 편견을 점검하고 개선할 수 있으며, 학교에서의 불평등을 없애고 평등한 사회를 위한 노력을 기울일 수 있다. 나아가 이 과정에서 학생들의 학업 성취를 증진시킬 수 있을 뿐만 아니라 개인의 잠재력도 최대한으로 발휘할 수 있기 때문이다. 결국 다문화교육은 학생들의 다문화적 사회에 적합한 시민적 자질을 육성하는 것을 목표로 한다(Pang, 2005).

따라서 세계화 추세에 따라 급속하게 스며들고 있는 한국사회의 문제점을 생각할 때 외국문화의 역할, 수용 자세 등어 대한 체계적인 교육이 이루어지지 않으면 가치판단의 결여에 다른 구의식적 문화 동화 현상이나 자국문화 상실현상이 나타나 가치혼란에 의한 사회적 혼돈이 야기될 수 있다. 결국 주체적인 문화가치교육이 필요하며, 특히 자라나는 청소년을 위한 다문화교육이 필수적이라 보인다(조충옥 외, 2010).

(3) 다문화교육의 목적

다문화사회에서는 열린 사고를 가지고 다양한 사람들과 그들이 가진 문화와 함께 공존하면서 서로 이해하고 존중하면서 상호작용을 통해 새로운 문화를 창조하는 다문화적 가치를 가진 인간을 필요로 한다. 아울러 다문화사회 내 기회의 불균등을 야기할 수 있는 편견과 차별을 없애고, 문화적 다원주의를 통해 다원화된 민주주의를 실천할 수 있도록 한다(조경자 외, 2017).

이러한 맥락에서 다문화교육의 목적은 사회적 다양성의 수용과 사회적 통합성의 형성에 있다. 지역사회에서의 다문화교육의 핵심 과제는 소수자 주체화, 다수자 변화, 공동체 형성에 있다. 다문화교육은 소수자에 대하여는 새로운 문화에 대한 적응과 사회적 주체화에 초점이 있다. 출신문화에 대한 자긍심을 가지고 새로운 문화에 대한 대응력을 향상시키는 것이다. 이에 비해 다수자에 대하여는 다양한 문화를 이해하고 수용할 줄 아는 '관용의 힘'을 길러 주는 것이다. 타문화의 차이를 인정하고 그 문화적 가치를 자신의 삶의 자양분으로 삼는 적극적인 다문화교육은 획일적인 역사관을 극복해야 한다. 다문화사회교육은 그러한 측면에서 타자에 관한 교육이다. 다수자와 소수자는 행복한 세상을 위한 공동체 형성을 위해서로 힘을 합쳐 나가야 한다. 다문화교육은 우리 역사 안에 함께해 온 이민족의 역사를 발굴 및 기술하는 작업을 포함하여 순수 혈통주의나 민족적 우월주의의 극복을 통해 제3의 정체성을 형성하는 것이다. 이것이 다문화 공동체교육의 지향점이다(안경식 외, 2008).

2) 다문화교육의 방향

다문화교육은 다문화사회의 문제를 해결하는 열쇠로써의 역할을 하는 데 매우 중요하다. 한국사회에서 다문화교육의 방향을 크게 여덟 가지로 제시할 수 있다(조경자 외, 2017; 서종남, 2010; 이재분, 2009; 보건복지가족부, 2008; 신재흡, 2021).

첫째, 전 국민 대상 다문화교육이 필요하다. 다문화교육은 외국인 학생이나 주민들로 한정시켜서는 안 된다. 다문화교육은 모든 국민을 대상으로 진행되어야 하며 상호 이해교육을 바탕으로 지역사회와 연계시킬 수 있는 보다 적합하고 효율적인 다문화교육 방법을 이용하여 지역사회와의 통합을 이루는 것이 바람직하다. 또한 다문화가정의 자녀에 대한 교육지원정책들이 효과적으로 이루어지기 위해서는 이들을 평등한 사회적 주체로 인정하고 이들과 상호 의사소통하려는 사회구성원들의 개방성을 요구한다. 그리고 다양한 언어가 가능한 글로벌 인적 자원의 육성과 모든 다문화인을 위한 다문화교육이 실시되어야 한다. 게다가 다문화, 다인종사회에 대비하여 일반학생, 교사, 학부모 그리고 일선 경찰 및 공무원을 비롯한 정부기관과 사법기관의 담당자 등 국민 모두의 인식 변화를 위한 다문화교육도 필수적으로 실시되어야 할 것이다. 이와 같은 사회의 요구에 부응하려면 다문화교육과 이를 위한 다문화교과교육 및 다문화교육과정이 확대 및 보완되어야 한다.

둘째, 긍정적·개방된 다문화교육으로의 전환이다. 이제 한국 다문화사회에서 결혼이민자가정, 북한이탈주민가정, 이주근로자가정의 자녀들은 한국의 교육현장과 한국사회에서 매우 주요한 구성원으로 자리 잡았다. 비록 지금은 이들이 소수에 불과하나 그 수는 계속 증가하며, 점차 학교에 진학하는 비율이 높아지고 있는 실정이다. 학교의 역할은 그 아이들이 자아정체성을 올바르게 정립하고 우리 사회에서 긍정적인 성향을 가지고 행복하게 성장하는 데 도움을 주어야 한다. 게다가 다문화가족 자녀에 관한 관심이 높아져야 하고, 정부, 민간기관 등의 지원뿐만 아니라 이들을 위한 실제적이며 긍정적·개방적인 다문화교육이 실행되어야 할 것이다.

셋째, 다양성과 통합성 간의 균형 있는 다문화교육이 필요하다. 오늘날 현대 민주주의 국가는 통합성과 다양성 간의 균형 유지가 매우 중요한 요소이다. 이민자들의 사회통합은 한국사회와 이민자 모두의 노력을 필요로 한다. 한국인과 이민자의 '차이'만을 강조하는 자세를 버리고, 이들이 가진 문화적 다양성을 주목하는 열린 사고방식을 통해 진정한 의미의 통합을 추구해야 한다. 이민자 출신국에 대한 문화적 다양성을 존중함과 더불어 우리 사회의 문화 속으로 통합시키는 방식이 바람직하다.

넷째, 다문화교육 프로그램의 개발 및 확대이다. 각 학교마다 다문화 보조교사 및 다문화 상담전담교사를 양성하고 배정하여 다문화교재의 교수－학습방법 및 다문화 생활지도를 맡아서 해야 할 것이다. 더군다나 가정에서도 자녀의 생활지도를 담당하는 비(非) 다문화학부모, 다문화학부모, 교사들에게도 다문화이해교육이 실시되어야 할 것이다. 급격하게 변화하고 있는 다문화시대의 교육환경에서 예비교사와 교사들이 변화를 적극적으로 받아들여야 하며, 미래지향적 사고를 갖춰야 한다. 특히 다문화교육 프로그램에 대한 전문적인 지식과 방법의 습득이 요구된다.

다섯째, 동등한 교육기회 보장이다. 이주근로자가정 자녀의 방과 후 생활의 경우에는 부모의 경제력이 영향력을 미친다. 부모가 미등록 근로자로 체류 신분이 불안정하고 일자리도 얻지 못하는 경우에는 여러 가지 유해한 사회환경에 보호 없이 노출되고 있다. 그러므로 이들에 대한 제도적 차원에서의 교육기회를 제공하는 것이 한국사회의 미래를 위해서도 반드시 필요한 과제이다. 최근 증가하고 있는 중도입국 청소년들에 대해 다문화 예비학교 확대를 통해 정규교육과정으로 진입을 돕는 제도가 진행되고 있다.

여섯째, 국가의 통합을 저해하지 않는 한 다양성을 인정해야 한다. 교육과정의 구성 측면에서도 각 개인의 문화를 존중함과 더불어 다른 다양한 문화들 간의 공존 방법을 찾는 방향으로 나아가야 할 것이다. 결국 모든 학생들에게 문화적 다양성의 가치를 인식할 수 있도록 학교에서 가르치는 것이 바람직하다. 아울러 다문화가정 자녀들을 대상으로 우리 사회의 구성원으로서의 자아정체성 확립을 도와야 하며, 비(非) 다문화가정의 자녀들을 대상으로는 다문화에 대한 이해를 넓혀

문화적 편견을 극복할 수 있도록 해야 할 것이다.

일곱째, 통합적 교육지원체제 구축을 위한 연계망 강화이다. 우리나라의 경우, 다문화교육 지원사업을 비롯하여 농·산·어촌 지원사업, 방과 후 교육사업, 북한이탈주민 관련 사업과 취약계층 복지를 위한 교육복지 투자 우선 지역사업 등의 관련 사업들이 있으나 현재 각각 따로 운영되고 있다. 따라서 선진 우수사례들과 국제기구 등을 참고하여 유관기관, 교육대상 그리고 유사정책 간의 서로 긴밀한 연계를 비롯하여 협력 운영되는 방안들을 탐색하고 실천하여 효과를 발휘하는 것이 바람직할 것이다.

여덟째, 다문화교육은 유아기에서부터 시작해야 한다. 유아기는 자신의 성, 외모 등에 대해서 인지가 가능한 시기이므로 다문화교육을 실시하는 데 매우 적절하다. 특히 3~5세 사이는 대부분 인성이 형성되며, 언어가 발달하는 시기이므로 유아기에는 다문화교육이 매우 중요하다고 볼 수 있다.

3) 다문화교육의 이슈와 전략

(1) 다문화교육의 주요 이슈

다문화교육의 실행과정에서 제기되는 한국사회에 이주하여 다문화사회를 만들어가는 이주민들의 입장에서 생각하는 다문화교육의 주요 이슈는 다음과 같이 생각할 수 있을 것이다(김경식 외, 2017).

이주민들은 첫째, 한국사회에 체류하는 과정에서 출신배경, 피부색

등과 관련하여 한국인들이 갖고 있는 편견이나 고정관념이 개선될 수 있는 교육이 우선되어야 함을 지적하였다.

둘째, 이주민들은 일반적으로 다문화교육을 통해 강조되고 있는 문화 간의 차이나 다양한 문화에 대한 소개보다는 인간으로서 존중받아야 하는 보편적인 권리에 대한 교육이 우선시되어야 함을 지적하고 있다. 차이 또는 다름이 일상생활에서 자연스럽게 수용되지 않는 현실에서, 이주민이 갖고 있는 문화나 배경의 다양성과 차이에 대한 소개보다는 그 이면에 존재하는 보편성과 인권 보장이 더 중요하다는 것이다.

셋째, 이주민들은 한국사회에 이주하여 정착하는 과정에서 일방적인 동화를 요구받기보다는 실천하는 주체로서 인정받기를 원하고 있다. 이주민들은 이주 전 사회의 문화를 그대로 가지고 들어오지 않으며, 또 이주를 통하여 일방적으로 새로운 사회 문화를 수용하고 만들어가는 것으로 이해해야 한다는 것이다. 다문화교육은 다양한 문화적 배경을 가진 사람들이 그 누구도 차별이나 배척 없이 서로의 문화와 가치를 존중하며 공생하는 사회를 위한 교육이기에, 다문화교육이 기대하는 사회적 통합은 양방향적 과정으로 이루어져야 한다. 즉, 다문화교육은 한편으로는 이주민이 수용국 사회의 공동체적 가치를 존중하고 시민으로서의 책임과 의무를 이행하는 과정임과 동시에, 다른 한편으로는 수용국의 주민이 이주민을 수용하고 차이와 다양성을 존중하며 포용하는 과정을 모두 포함해야 한다고 지적하고 있다(조혜영, 2013).

(2) 한국사회의 다문화교육의 실행전략

한국사회의 다문화교육의 실행전략을 크게 세 가지로 제시할 수 있다(김경근, 2006; 오은순, 2009; 신재흡, 2021).

첫째, 학교의 교육방향이 학업성취 중심의 수월성 추구와 같은 수직적인 능력관보다는 지식기반 사회에서 요구되는 다원적이고 수평적인 능력관에 조응하는 방향으로 변화되어야 한다. 즉, 다문화교육은 본질적으로 수월성 추구의 문제보다는 다양성과 수평적인 능력관을 바탕으로 공평한 교육기회와 성취에 대한 적절한 보상을 기반으르 한 형평성의 추구보다 초점을 맞추고 있는 것으로 이해할 필요가 있다는 것이다.

둘째, 우리나라 다문화교육의 기본방향으로서 다문화주의적 관점을 지향해야 할 것과 정체성, 다양성, 평등과 정의, 세계시민성, 새로운 문화창조를 국가적 목적으로 하여 교과프로그램과 적응프로그램을 개발 및 운영해야 할 것이다.

셋째, 다문화교육은 먼저 단순히 사람이나 집단 혹은 문화 간 접촉을 넘어 체계적인 훈련에 의해 습득해야 하는 '기본적인 태도 기르기'를 강조하고, 세계시민교육으로서의 다문화교육을 부각시키고, 다문화사회의 교육적 과제에 대한 논의를 지속적으로 확장할 필요가 있다. 또한 교사교육과정에 다문화교육을 필수적으로 포함시켜야 한다.

21. 기존에 다문화교육에 대해 어떻게 생각하는지요?

22. 효과적인 다문화교육을 위해 무엇이 변해야 할까요?

11

다문화가족 관련 법

1) 다문화가족지원법

(1) 다문화가족지원법의 개념

2008년 3월 21일 제정되어 2008년 9월 22일 시행된 다문화가족지원법은 결혼이민자 및 그 자녀 등으로 구성되는 다문화가족은 언어 및 문화적 차이로 인하여 사회부적응과 가족구성원 간 갈등 및 자녀교육에 어려움을 겪고 있음에 따라, 다문화가족의 구성원이 우리 사회의 구성원으로 순조롭게 통합되어 안정적인 가족생활을 영위할 수 있도록 가족상담, 부부교육, 부모교육 및 가족생활교육 등을 추진하고, 문화의 차이 등을 고려한 언어통역, 법률상담 및 행정지원 등의 전문적인 서비스를 제공하도록 하는 등 다문화가족에 대한 지원정책의 제도적인 틀을 마련하려는 것이다.

다문화가족 구성원이 안정적인 한국 생활을 할 수 있도록 국가와 지방자치단체에서 필요한 제도와 여건을 조성하며, 다문화가족 내 가정폭력을 예방하기 위하여 노력하고 대한민국에서 생활하는데 필요한 기본적 정보를 제공하며, 사회 적응교육과 직업 교육·훈련 및 언어소통 능력 향상을 위한 한국어교육 등을 받을 수 있도록 하며, 가정폭력으로 피해를 입은 결혼이민자 등을 보호하고 결혼이민자가 건강하게 생활할 수 있도록 영양·건강에 대한 교육, 산전·산후 도우미 파견, 건강검진을 지원하는 내용으로 구성되었다.

(2) 다문화가족지원법의 주요내용

다문화가족지원법의 주요 내용을 살펴보면, 첫째, 평등한 가족관계의 유지(제7조)를 위해 국가와 지방자치단체는 다문화가족이 민주적이고 양성평등한 가족관계를 누릴 수 있도록 가족상담, 부부교육, 부모교육, 가족생활교육 등을 추진하고, 문화의 차이 등을 고려한 전문적인 서비스가 제공될 수 있도록 노력하여야 함을 포함하고 있다.

둘째, 가정폭력 피해자 보호·지원(제8조)을 위해 국가와 지방자치단체는 결혼이민자 등이 가정폭력으로 혼인관계를 종료하는 경우 의견진술 및 사실 확인 등에 있어서 언어통역, 법률상담 및 행정지원 등 필요한 서비스를 제공할 수 있도록 하였다.

셋째, 다국어에 의한 서비스 제공(제11조)하기 위해 국가와 지방자치단체는 다문화가족에 대한 지원정책을 추진함에 있어 결혼이민자 등 의사소통의 어려움을 해소하고 서비스 접근성을 제고하기 위하여 다국어에 의한 서비스 제공이 이루어지도록 노력하여야 함을 포함하고 있다.

넷째, 다문화가족지원센터의 운영(제12조) 근거를 마련하여 여성가족부장관은 다문화가족 지원 정책의 시행을 위하여 필요한 경우에는 다문화가족 지원에 필요한 전문 인력과 시설을 갖춘 법인이나 단체를 다문화가족지원센터로 지정하여 운영하도록 하였다.

2) 재한외국인 처우 기본법

(1) 재한외국인 처우 기본법의 개념

2007년 5월 17일 제정되어 2007년 7월 18일 시행된 재한외국인 처우 기본법은 재한외국인을 그 법적 지위에 따라 적정하게 대우함으로써 재한외국인이 대한민국 사회에 빨리 적응하도록 하고, 대한민국 국민과 재한외국인이 서로의 문화와 역사를 이해하고 존중하는 사회 환경을 조성함으로써 국가의 발전과 사회통합에 이바지하려는 것을 목적으로 제정되었다. 제2조3에서 "결혼이민자"란 대한민국 국민과 혼인한 적이 있거나 혼인관계에 있는 재한외국인을 말하며, "재한외국인"이란 대한민국의 국적을 가지지 아니한 자로서 대한민국에 거주할 목적을 가지고 합법적으로 체류하고 있는 사람으로 규정하고 있다. 이 법률은 재한외국인이 대한민국 사회에 적응하여 개인의 능력을 충분히 발휘할 수 있도록 하고, 대한민국 국민과 재한외국인이 서로를 이해하고 존중하는 사회 환경을 만들어 대한민국의 발전과 사회통합에 이바지하도록 하고 있다.

(2) 재한외국인 처우 기본법의 주요내용

재한외국인 처우 기본법의 주요 내용을 살펴보면, 첫째, 국가 및 지방자치단체의 책무(제3조)를 명시하여 국가 및 지방자치단체는 이 법의 목적을 달성하기 위하여 재한외국인에 대한 처우 등에 관한 정책의 수립·시행에 노력하도록 하였다.

둘째, 외국인 정책의 수립 및 추진체계(제5조, 제6조) 확립을 위해, 법무부 장관은 관계 중앙행정기관의 장과 협의하여 5년마다 외국인 정책에 관한 기본계획을 수립하고, 이를 외국인 정책위원회의 심의를 거쳐 확정하도록 하고, 관계 중앙행정기관의 장은 기본계획에 따라 소관별로 연도별 시행계획을 수립하고, 지방자치단체의 장은 중앙행정기관의 시행계획에 따라 당해 지방자치단체의 연도별 시행계획을 수립·시행하도록 하였다.

셋째, 재한외국인 등의 처우(제10조 내지 제14조, 제16조, 제17조)를 위해 국가 및 지방자치단체는 재한외국인 및 그의 자녀에 대한 불합리한 차별을 방지하고 인권을 옹호하기 위하여 교육·홍보 그 밖에 필요한 조치를 하기 위하여 노력하도록 하고, 국가 및 지방자치단체는 재한외국인의 사회적응 지원을 위하여 대한민국에서 생활하는 데 필요한 기본적 소양과 지식에 관한 교육, 정보제공, 상담 등의 지원을 할 수 있도록 하였다. 또한 국가 및 지방자치단체는 결혼이민자가 대한민국 사회에 조기에 적응할 수 있도록 국어교육, 대한민국의 제도·문화에 대한 교육, 결혼이민자의 자녀에 대한 교육 및 보육 지원 등의 조치를 할 수 있도록 하고, 대한민국 국민과의 사실혼 관계에서 출생한 자녀를 양육하고 있는 재한 외국인, 영주권자 및 난민도 이를 지원받을 수 있도록 하였다.

국가 및 지방자치단체는 영주권자, 과거 대한민국 국적을 보유하였던 자 등에 대하여 대한민국의 이익을 해치지 아니하는 범위 안에서 대한민국으로의 입국·체류 또는 대한민국 안에서의 경제활동 등을 보장할 수 있도록 하고, 국가 및 지방자치단체는 전문 외국 인력의 유치를 촉진할 수 있도록 그의 법적 지위 및 처우 개선에 필요한 제도와 시책을 마련하기 위하여 노력하도록 하였다.

넷째, 국민과 재한외국인이 더불어 살아가는 환경 조성(제18조, 제19조)을 위해 국가 및 지방자치단체는 국민과 재한외국인이 서로의 역사·문화 및 제도를 이해하고 존중할 수 있도록 교육, 홍보, 불합리한 제도의 시정 그 밖에 필요한 조치를 하기 위하여 노력하도록 하고, 세계인의 날을 지정하여 행사를 개최하도록 하였다. 다섯째, 외국인전담직원의 지명·교육 및 외국인 종합안내센터의 설치(제20조)하여 공공기관의 장은 재한외국인에게 민원처리 절차를 안내하는 업무를 전담하는 직원을 지정하여 소정의 교육을 이수하도록 할 수 있고, 국가는 전화 또는 전자통신망을 이용하여 재한외국인 등에게 외국어로 민원을 안내·상담하기 위하여 외국인 종합안내센터를 설치·운영하도록 하였다.

3) 결혼중개업의 관리에 관한 법률

결혼중개업의 관리에 관한 법률은 결혼중개업을 지도·육성하고 이용자를 보호함으로써 건전한 결혼문화를 형성하기 위하여 국내결혼중개업은 신고제로 하고, 국제결혼중개업은 등록제로 하는 등 결혼중개업이 국가 및 지방자치단체의 관리·감독을 받도록 하는 것을 주요 내용으로 하는 「결혼중개업의 관리에 관한 법률」이 제정(법률 제8688호, 2007. 12 공포, 2008.6 시행)됨에 따라 결혼중개업의 신고 및 등록서류, 거짓·과장된 표시·광고의 범위, 국제결혼중개업자에 대한 교육 등 법률에서 위임한 사항과 그 시행에 필요한 절차 등을 정하려는 것이다.

주요 내용을 살펴보면, 첫째, 결혼중개업의 신고 및 등록 등의 절차

(제2조부터 제5조까지)에 관한 내용으로 법률에서 국내결혼중개업은 신고제, 국제결혼중개업은 등록제로 됨에 따라 제출서류와 업무처리 절차 등을 명확히 규정할 필요가 있으며, 결혼중개업을 신고 또는 등록할 때 구비하여 할 서류를 정하고 2 이상의 지역에 결혼중개업 중개사무소를 두는 경우에 관한 사항 및 변경 신고 또는 변경등록에 관한 사항 등을 구체적으로 정하였다. 또한 이와 같이 제출서류 및 절차를 정함으로써 결혼중개업자와 담당 공무원의 업무처리에 대한 혼란을 예방하여 동 제도가 조기에 정착될 수 있을 것으로 기대하고 있다.

둘째, 신고필증 등의 게시에 관한 사항(제8조)으로 법률의 위임에 따라 이용자가 결혼중개서비스의 내용과 비용 등을 쉽게 확인할 수 있도록 결혼중개업자가 게시하여야 하는 사항을 구체화할 필요가 있으며, 결혼중개업자는 수수료·회비 등을 기재한 표, 신고필증 또는 등록증 외에 보증보험 증권이나 예치금 증서를 해당 중개사무소 안에 게시하도록 하고, 인터넷 홈페이지를 운영하는 경우 수수료·회비 등을 기재한 표, 신고번호 또는 등록번호 외에 상호와 대표자의 성명, 사업자등록번호, 이용약관 등을 인터넷 홈페이지에 게시하도록 하고 있다.

셋째, 거짓·과장된 표시·광고의 범위(제10조 및 별표 1)에 관한 규정으로 법률의 위임에 따라 결혼중개업자의 거짓·과장광고로 인하여 발생할 수 있는 이용자의 피해를 예방하기 위하여 금지되는 표시·광고의 범위를 정할 필요가 있으며, 신고 또는 등록한 사항과 다른 내용의 표시·광고, 객관적인 사실에 근거하지 아니한 표시·광고, 합리적인 이유 없이 출신 국가·인종 등을 이유로 차별하는 내용 등이 포함된 표시·광고를 하지 못하게 하며, 이와 같이 금지되는 광고의 범위를 정함으로써 결혼중개업 이용자의 인권을 보호하고 건전한 결혼관의 형성을 유도할 수 있을 것으로 기대하고 있다.

넷째, 교육의 내용과 방법 등(제16조, 별표 3)에 관한 규정으로 법률의 위임에 따라 국제결혼중개업자가 받아야 할 교육의 내용·방법·시간 등을 명확히 정할 필요가 있으며, 결혼중개업제도, 결혼중개업자의 직업윤리, 소비자 보호 방안 등을 교육내용으로 하고, 각 과목에 대한 교육 시간 등을 정하고 있다. 또한 국제결혼중개업자의 전문지식 및 윤리의식을 높임으로써 국제결혼중개업자의 불법 결혼중개행위를 방지하여 이용자의 피해를 예방하는 효과가 있을 것으로 기대하고 있다.

국제결혼중개업자는 이용자와 상대방 간의 원활한 의사소통을 지원하기 위하여 통역·번역서비스를 제공하며, 중개업자는 거짓·과장되거나 국가·인종·성별·연령·직업 등을 이유로 차별해서는 안 되며, 국제결혼중개업자는 결혼중개를 하는 경우에 18세 미만의 사람을 소개하거나, 같은 시간에 2명 이상의 이성을 소개하는 행위, 결혼중개를 목적으로 2명 이상의 외국인을 같은 장소에 기숙(寄宿)시키는 행위는 영업정지에 처한다는 내용으로 구성되어 있다.

4) 출입국 관리법

출입국 관리법은 국내에 입국하거나 출국하는 자의 출입국관리와 체류하는 외국인의 등록 등에 관한 사항을 규정하기 위하여 제정된 법률로서 1963년 3월 5일 제정되어 1963년 3월 5일부터 시행된 출입국 관리법은 현행 외국인의 입국, 출국과 등록에 관한 법률은 대한민국 국민의 출입국에 관하여는 규정하고 있지 아니하고, 대한민국에 출·입국하는 선박 등의 장 및 운수업자의 책임 등에 관한 사항 등도 미비하여 이를 정비하려는 것이다.

대한민국은 1907년 1월에 <한국인여권규칙>이 제정되어 한국인의 출국관리를, 1918년에는 <외국인도래에 관한 건>, 1939년에는 <외국인의 입국·체류 및 퇴거에 관한 건>으로 외국인의 입국관리를 제도화하였고, 1946년 2월에는 군정법령 제49호 <조선에 출국 또는 입국자이동의 관리 및 기록에 관한 건>, 정부수립 후인 1949년 11월에는 법률 제65호로 <외국인의 입국·출국과 등록에 관한 법률>로 출입국을 관리하였다.

그 뒤 1963년 3월 <출입국관리법>이 제정되어 1977년 12월과 1983년 12월에 전문 개정되고 2019년 10월에 다시 전문 개정되어 현재에 이르고 있다. 이 법률은 국내 국민의 출입국, 외국인의 입국과 상륙, 외국인의 체류와 출국, 외국인의 등록 등, 강제퇴거, 선박 및 승무원, 보칙, 벌칙, 고발과 통고처분에 관하여 규정하고 있다. 또한 대한민국에 체류하는 외국인의 체류관리 및 난민(難民)의 인정 절차 등에 관한 사항과 외국인의 입국, 체류, 출국, 허위초청, 사증 발급, 체류자격, 입국심사에 관련 법률을 제공하고 있다.

주요 내용으로 국민의 출입국(제2장) 관련 내용을 규정하고, 외국인의 입국 및 상륙에 관한 사항(제3장), 외국인의 체류와 출국에 관한 사항(제4장), 외국인의 등록 및 사회통합프로그램 운영에 관한 사항(제5장), 강제퇴거 등에 관한 사항(제6장)에 관한 내용을 두고 있다. 또한 선박 등 검색(제7장), 선박 등의 장 및 운수업자의 책임에 관한 사항(제8장) 등에 관한 내용을 두도록 하고 있다.

5) 국적법

대한민국 국민 국적 취득과 상실의 요건을 규정한 법률로 출생에 의한 국적 취득, 인지(認知) 및 귀화로 인한 외국인의 국적 취득, 귀화의 요건과 허가, 배우자와 자녀의 국적 취득, 국적의 상실, 국적의 회복·재취득 등의 절차, 국적 상실자의 처리 및 권리 변동 등에 관하여 규정하고 있다. 국적법은 1948년 12월 20일 법률 제16호로 제정되었으며, 3차례의 일부 개정을 거친 후 1997년 12월 13일 전문이 개정되어 현재 시행되고 있다. 현행 국적법은 국적의 취득에 관하여, 부모의 국적에 따라 결정하는 속인주의를 채택하고 있다(국적법 제2조). 출생이라는 선천적 국적취득 외에 혼인, 인지(認知)·귀화·수반취득(隋伴取得)·국적회복과 같은 후천적 취득도 있다(제3조 이하).

국적은 이중국적자의 국적 선택과 국적 이탈, 외국 국적의 취득 등 여러 가지 이유로 상실되며(제12·14·15조), 국적을 상실한 자는 대한민국 국민이어야만 누릴 수 있는 권리를 국적을 상실한 때부터 누릴 수 없으며, 그 권리와 관련된 법령에 별도로 정한 바가 없는 한 3년 이내에 대한민국의 국민에게 양도해야 한다(제18조).

개정 전의 국적법은 부계혈통주의를 채택하고 있었으나, 이는 헌법상 남녀평등의 원칙에 위배된다는 주장 및 헌법재판소에 위헌 심판이 제청되었고, 대한민국 정부가 1984년 국제연합(UN)의 '여성에 대한 모든 형태의 차별철폐에 관한 협약'에 가입할 당시 유보한 바 있는 국적

취득에 있어서의 남녀평등조항에 대한 유보를 철회해 국제조류에 따를 필요성에 따라 현행 국적법은 부모양계혈통주의로 전환하고(제2조 1항 1호), 그동안 현실에 맞지 아니하거나 입법상의 미비된 점을 개선·보완한 것이다.

즉, 종전에는 대한민국 국민의 처가 된 외국인에게 대한민국 국적을 부여하던 제도를 폐지하고 대한민국 국민과 혼인한 외국인은 남녀 모두 혼인 후 국내에 2년 이상 거주하는 등 일정 요건을 갖추고 법무부장관의 귀화 허가를 받아야 하도록 했고, 남편이 대한민국 국적을 취득하면 그 처도 자동으로 대한민국 국민이 되는 수반취득 조항과 처의 단독귀화를 금지하는 조항을 삭제해 혼인한 여성에게 독자적인 국적선택권을 보장했으며(종전 제4조 2호 및 제8조 1항 삭제), 국적선택제도를 신설해 이중국적자가 일정한 기간 내에 대한민국 국적을 선택하지 아니한 경우에는 우리 국적을 상실하도록 했다. 이와 함께 부모양계혈통주의를 채택함에 따라 외국인 아버지와 한국인 어머니 사이에 출생한 자녀는 어머니의 성과 본을 따를 수 있고 이 경우 어머니의 호적에 입적하도록 민법을 개정했다(법 부칙 제8조).

23. 향후 다문화가족지원법에 고려해야 할 부분에 대해 이야기해 주세요!

24. 기타 다문화가족과 관련된 법이 무엇이 있을까요?

12

다문화가족정책 개요 및 추진과제

1) 제4차 다문화가족정책 기본계획 개요

(1) 제4차 다문화가족정책 기본계획 추진배경

다문화가족의 기본정책을 이해하기 위해서는『다문화가족정책 기본계획』을 이해해야 한다. 다문화가족정책 기본계획은 정책의 기본방향과 정책과제를 담아 5년마다 수립되는 법정계획이다. 관련법은 다문화가족지원법「제3조의2(다문화가족 지원을 위한 기본계획의 수립) ① 여성가족부장관은 다문화가족 지원을 위하여 5년마다 다문화가족정책에 관한 기본계획을 수립하여야 한다.」이다. 여성가족부에서 발표한「제4차 다문화가족정책 기본계획(2023~2027)」자료를 바탕으로 다문화가족정책 기본계획을 설명하겠다. 제4차 기본계획은 제3차(2018년~2022년) 기본계획의 성과와 한계를 분석하고, 환경 변화와 새로운 정척수요를 반영하여 수립하였다.

(2) 제4차 다문화가족정책 기본계획 추진방향

제4차 다문화가족정책 기본계획의 추진방향은 크게 4가지이다. 첫째, 결혼이민자의 정착과 자녀 양육 지원을 넘어 현정부 국정과제를 반영하여 다문화가족 자녀의 성장단계별 맞춤형 지원 강화에 중점에 있다. 다문화 아동·청소년이 동등한 출발선 위에서 우리 사회의 미래 인재로 성장할 수 있도록 취학전후·청소년기 등 성장단계별 지원서비스를 체계화한다. 둘째, 결혼이민자의 다변화된 수요를 반영하여 정착주기별, 가구유형별 촘촘한 지원서비스 강화이다. 셋째, 다둔화가족이 우리 사회의 구성원으로 자리매김하여 조화롭게 살아갈 수 있도록 우리 사회의 다문화 이해 증진 및 차별적 인식의 해소이다. 넷째, 범부처, 지자체 협력 강화를 통해 효율적인 다문화가족 정책 추진이다.

(3) 제4차 다문화가족정책 기본계획 비전과 목표

○ 비전: 다문화가족과 함께 성장하는 조화로운 사회

○ 목표

- 다문화 아동·청소년의 동등한 출발선 보장
- 다문화가족의 안정적 생활환경 조성

(4) 제4차 다문화가족정책 기본계획 대과제와 중과제

1. 다문화 아동·청소년 성장단계별 맞춤형 지원
   1-1. 영유아 자녀양육 지원
   1-2. 학령기 다문화 아동 학습역량 제고
   1-3. 다문화 청소년 진로개발 지원
   1-4. 다문화 아동·청소년의 정서안정 기반 조성

2. 결혼이민자 정착주기별 지원
   2-1. 건전한 국제결혼 환경 조성
   2-2. 다문화가족 가구상황별 맞춤형 지원
   2-3. 결혼이민자 경제활동 참여 확대
   2-4. 가정폭력 예방 및 피해자 보호

3. 상호존중에 기반한 다문화 수용성 제고
   3-1. 다문화 이해교육 확대
   3-2. 다양성 존중 인식 확산
   3-3. 다문화가족 사회참여 활성화

4. 다문화가족정책 추진기반 강화
   4-1. 다문화가족정책 환류 시스템 구축·운영
   4-2. 다문화가족 지원 서비스 접근성 제고
   4-3. 다문화가족정책 협력체계 강화

2) 제4차 다문화가족정책 기본계획 추진과제

(1) 다문화 아동·청소년 성장단계별 맞춤형 지원

다문화 아동·청소년이 우리 사회의 미래인재로 성장할 수 있도록 영·유아기부터 후기 청소년기까지 성장단계별 맞춤형 지원 체계 구축·운영

1-1 영유아 자녀양육 지원

1-1-1. 부모의 영유아 자녀 양육역량 강화

□ 부모교육 및 돌봄친화적 환경조성

○ 임신·출산·영·유아기 등 단계별 맞춤형 부모교육 실시

○ 가정 내 이중언어 사용 활성화를 위해 이중언어의 장점 등에 대한 교육을 실시하고 이중언어를 활용한 부모-자녀 간 상호작용

프로그램 운영

○ 지역사회 내 공동육아나눔터를 확대하여 육아 공간을 제공하고 돌봄품앗이 활동 지원

1-1-2. 영유아 자녀의 성장 · 발달 지원

□ **건강한 성장·발달을 위한 서비스 지원**

○ 다문화 아동의 언어발달 상태를 평가하고 적절한 언어교육을 제공 하여 언어발달 지원

○ 정서발달과 생활습관 형성, 건강지도 등 찾아가는 생활지도 서비스 운영

□ **다문화 유아에 대한 교육 지원**

○ 유치원의 다문화학급 내 교사, 부모, 유아를 위한 지원자료 개발: (교사) 다문화 유아 놀이 · 생활지도, 학부모 소통법 등 / (부모) 유아교육 이해 · 참여 지원자료 / (유아) 학급 내 다문화 친구를 이해할 수 있도록 하는 다문화 프로그램 등

○ 유아학비 등 지원 대상을 다문화가족 등으로 확대 추진: (2022년) 저소득층 대상 월 15만원의 유아학비 추가 지원 → (2023년) 방과후 과정비, 특성화 프로그램비도 지원 → (2025년) 다문화가족, 북한이탈주민 등으로 대상 확대 추진

1-2. 학령기 다문화 아동 학습역량 제고

1-2-1. 학령기 다문화 아동 학교 적응 지원

□ 학교 교육 준비 지원

○ 다문화 유아 교수·학습자료 배포, 국·공립 유치원에서 멘토링 활동 등 학교 준비 격차 해소를 위한 유치원 단계 지원체계 강화

○ 시·도교육청 및 지역 다문화교육지원센터를 통해 입학·편입학, 정책 학교, 학적 생성 등 공교육 진입 전(全) 과정 지원

○ 다문화 학생과 학부모의 방문이 잦은 유관기관에 공교육 진입 안내자료 배포

○ 법무부 정보연계를 통해 초등학교 입학 예정인 만6세 중도입국 자녀 학부모 대상 입학 안내자료 제공 등 절차 안내 강화

□ 학부모 역량 제고

○ 다문화 학부모에게 학제·학교생활 등 안내를 강화하고 자녀 교육 관련 상담 기회 확대

○ 교육정보 나눔을 위한 다문화가족 부모 품앗이 자조모임 등 운영

○ 가족센터의 통번역지도사 및 다누리콜센터를 통해 다문화 학부모에게 학교 공지와 가정통신문 등 통번역 지원

□ 학교 적응을 위한 징검다리 과정 운영

○ 초등 입학 및 학교급 전환기 학습자 특성에 맞는 준비교육 운영

○ 학부모가 함께 참여할 수 있도록 학부모용 안내자료 다국어 제작·배포

1-2-2. 학령기 다문화 아동 기초학습 지원

□ **한국어 교육 강화**

○ 한국어 집중교육을 위한 한국어학급 확대 및 찾아가는 한국어교육 실시 등 학교 내 한국어교육 강화: (2022년) 444학급 → (2023년) 527학급 → (2024년) 570학급내외(잠정) → (2025년~) 단계적 확대, 한국어 교육과정 학습자료 개발 및 교원 연수 등 역량 강화 추진

○ 한국어학급이 운영되지 않는 지역이나 학교밖 지원이 필요한 경우 가족센터와 연계하여 중도입국 자녀 등에 대한 한국어 교육 실시

□ **기초학력 향상 지원**

○ 취학전후 기초학습 지원 프로그램을 운영하는 가족센터를 단계적으로 확대하고, 찾아가는 서비스 등 사업 방식 다양화: `22년 신규 도입한 기초학습 지원프로그램이 일부 지역에서만 운영되고 있어 지역별 편차가 있으며, 센터 방문 방식으로만 운영되어 접근성 한계 개선 필요

○ 청소년방과후아카데미에서 숙제 · 보충학습 · 독서지도 등의 학습 지원과 다문화 특화 프로그램 실시 등 방과 후 돌봄 지원

【 청소년방과후아카데미 개요 】

* 목적: 방과후 돌봄이 필요한 청소년에게 종합서비스를 제공하여 건강한 성장 및 자립역량 배양
* 지원대상: 방과후 돌봄이 필요한 청소년(초4~중3)
* 규모/유형: 2022년 기준 전국 342개소 / 기본형, 농산어촌형, 장애형, 다문화형
* 프로그램: 지역여건, 학부모의 수요를 고려한 기초학습, 체험활동, 급식, 상담, 캠프 운영 등

○ 다문화 학생이 어려워하는 교과 주요 개념과 어휘 등에 대한 교과 보조교재 및 영상콘텐츠 제작, 배포

○ 디지털 기반 교육혁신 시범교육청의 디지털 선도학교 운영과 연계하여 다문화 학생 대상 맞춤 교육 지원 사례 발굴 및 확산 추진

□ 다문화학생 밀집지역의 기초학력 제고

○ 다문화 학생 밀집학교에 기초학력 '두드림 학교' 우선 지정 등 추진: 복합적 요인에 의한 학습부진 학생에 대한 종합 지원을 제공

○ 다문화 학생 밀집지역에 교육력 제고 등을 위한 교육국제화특구 운영: 특구 내에 초·중등교육법 제23조(교육과정 등) 및 제29조(교과용 도서의 사용)를 적용받지 않는 학교를 운영할 수 있어 교육과정 운영 자율성 확보 가능

1-2-3. 이주배경 청소년 지원

□ 이주배경 청소년 현황 분석

○ 통계청 등 행정데이터 연계를 통한 이주배경 청소년 종합 통계 구축 추진

○ 관계부처 통계자료 연계를 통해 다문화학생 취학률 등 교육기회 보장 관련 지표 시범 발굴 추진

□ 이주배경 청소년 한국어교육 등 사회 적응 지원

○ 한국어 능력 부족 등으로 어려움을 겪는 이주배경 청소년에게 레인보우 스쿨에서 상담, 한국어 교육, 진로교육, 사회적응 프로

그램 등 지원

○ 국립청소년수련시설 등과 협력하여 이주배경 청소년 등에게 청소년 활동 참여 기회 제공

□ **학교밖 다문화 청소년 지원**

○ 학업중단 다문화 청소년 정보를 학교밖청소년지원센터로 연계하여 상담 · 건강검진 · 학력취득 · 직업훈련 등 지원

○ 다문화 청소년 중 학업을 중단하는 고등학생도 사전 동의 절차 없이 학교밖청소년지원센터로 연계할 수 있도록 법률 개정 추진

1-3 다문화 청소년 진로개발 지원

1-3-1. 다문화 청소년 진로 · 직업 프로그램 확대

□ **다문화 청소년 맞춤형 진로프로그램 다각화**

○ 가족센터의 청소년 상담사를 활용한 다문화 청소년 대상 진로컨설팅 프로그램 단계적 확대

【 청소년기 상담 · 진로컨설팅 개요 】
* 대상: 만7~18세 다문화가족 자녀
* 지원내용
  - 상담: 학령기 다문화가족 자녀가 가정 내 문제, 학업, 교우 관계 등 생활 전반에서 느낄 수 있는 고민을 편안하게 상담할 수 있도록 지원
  - 진로지도: 다문화가족 자녀가 본인의 적성과 강점을 고려하여 스스로 진로를 설계할 수 있도록 외부 전문기관과 연계 등 진로컨설팅 제공

○ 진로체험지원센터와 가족센터 등의 협업을 통해 다문화 학생 중

심 진로체험처 지속 발굴·확대: 진로체험정보제공 시스템 ('꿈길')을 통해 진로체험 관련 정보 상시 제공

○ 다문화 학생의 특성을 고려한 진로교육 프로그램 브급 및 맞춤형 '원격영상 진로멘토링' 제공

□ 다문화 청소년 직업 교육 강화

○ 다문화 청소년 특화 기숙형 기술고등학교 (폴리텍 다솜고등학교) 운영

○ 전문기술과정 등 직업훈련과정 선발 시 다문화 청소년 참여 확대 추진: 고용노동부 산하 공공 직업교육훈련기관인 폴리텍대학에서 운영하는 교육과정 중 하나로, 취업을 원하는 만15세 이상인 미취업자 대상 직업훈련 제공

1-3-2. 다문화 아동·청소년의 이중언어 역량강화 및 인재 양성

□ 이중언어 교육 및 인재DB 활용 활성화

○ 가족센터 내 이중언어 교육 프로그램 개발 및 기초·심화 학습과정 실시: 결혼이민자 부모의 언어를 직접 배울 수 있는 이중언어 교실 운영 및 사업대상 확대. 기존 이중언어 지원은 가정 내 이중언어 사용 활성화를 위한 환경조성 위주였으나, 이중언어 직접 교육을 선호하는 이용자의 수요를 반영하여 사업 개선. 이중언어 전담인력을 확충하고, 온·오프라인 병행 수업 도입 추진

○ 우수한 이중언어 능력을 갖춘 다문화 아동·청소년을 인재DB에 등록하고, 국제교류·해외봉사단, 장학생 추천 등 적재적소에 연계

○ 국립국제교육원, 대학 등과 협력하여 이중언어 인재양성을 위한 온·오프라인 강좌 운영 추진: 초·중·고 학생 등을 대상으로

다문화가족지원센터 등 다양한 기관과 연계하여 운영

□ 국제교류 참여를 통한 다문화 청소년 글로벌 역량강화

○ 청소년국제교류, 해외자원봉사단 등 국제교류 프로그램에 다문화 청소년 참여 기회 확대

○ 이중언어 능력과 특정분야 전문성을 갖춘 청년층 차세대 무역전문 인력 양성 (다문화 무역인) 추진

1-3-3. 다문화 후기 청소년(만 19세 이상) 지원

□ 다문화 후기 청소년 지원 수요 등 실태 파악

○ 통계청 협업을 통해 다문화 후기 청소년의 규모 등 현황 파악 추진

○ 다문화가족 실태조사 등을 통해 다문화 후기 청소년의 지원 수요 등 실태 파악

□ 다문화 후기 청소년 맞춤형 서비스 연계

○ 가족센터의 청소년 상담사 등을 통해 다문화 후기 청소년을 발굴하여 초기 상담을 제공하고, 지원 수요에 따른 유관기관 서비스 연계 추진: 청소년상담복지센터 등을 통해 다문화 후기 청소년 맞춤형 심리 상담 지원

1-4. 다문화 아동 · 청소년의 정서안정 기반 조성

1-4-1. 다문화 아동 · 청소년의 심리·정서적 안정 지원

□ 가족센터 내 다문화 아동·청소년 성장지원 프로그램 확대

○ 초등학생 다문화 아동의 정체성 회복, 사회성 리더십 개발을 위한 성장지원 프로그램을 전국 가족센터 공통 필수 사업으로 확대: 다문화 아동 · 청소년의 이주배경 부모의 국가 · 문화에 대한 이해증진 프로그램 강화

□ 학교 안팎 심리상담 지원체계 강화

○ 학생정서 · 행동특성검사 다국어 검사지를 활용하여 건강한 정서 · 행동 발달 지원

○ 진학 · 진로 등 청소년기 고민해소를 위한 심리상담 (학교, 교육지원청 등) 강화

○ 가족센터에서 청소년 상담사가 다문화 아동 · 청소년의 생활 전반에 대한 전문 심리상담 1:1 지원 및 기관 (청소년상담복지센터 등) 연계

○ 또래 간 정서 지지 상담 및 다문화 학생의 교우 관계 개선을 위한 또래상담 프로그램 보급 활성화: 가족센터 · 다문화가족지원센터 종사자를 또래상담 지도자로 양성하고, 특성화 프로그램 (다문화 또래상담) 보급 확대

□ 지역사회 청소년 통합 지원체계 (청소년 안전망) 운영

○ 지역사회의 청소년 관련 자원을 연계하여 다문화 위기 청소년을

조기 발견하고 상담, 보호, 자활 지원 등 서비스 제공

○ 필수연계기관 이외에도 다문화가족 지원기관 등과 연계를 강화하여 다문화 아동 · 청소년 맞춤형 지원 강화 추진

【 지역사회 청소년통합지원체계 개요】
* 목적 : 지역사회 청소년 관련 자원을 연계하여 위기 청소년에 대한 맞춤형 서비스 제공
* 추진체계 : 여성가족부 ↔ 지자체 ↔ 청소년상담복지센터
* 주요 사업내용
  - 위기청소년 조기 발견·보호 및 지원, 상담전화 설치·운영
  - 청소년 상담·긴급구조·보호·의료지원·학업지원·자활지원 등 서비스 제공
  - 필수연계기관 상호 연계·협력, 1388 청소년지원단 운영 등
* 필수연계기관 : 지방자치단체, 청소년상담복지센터, 청소년복지시설 및 지원시설 등, 시·도 교육청 및 교육지원청, 각급 학교, 지방경찰청 및 경찰서, 지방고용노동청 및 지청, 공공 보건의료기관 및 보건소, 청소년비행예방센터, 학교밖청소년지원센터, 보호관찰소

1-4-2. 차별 없는 학교 환경 조성

□ 교원의 다문화 교육 역량 강화

○ 누리과정 및 초중등 교육과정에 다문화 교육내용 반영 확대

○ 교원 연수 지원 등을 통해 교원의 다문화교육 역량을 강화하고 다문화교육 관련 우수사례 공유 · 확산

○ 차별 상황에 대한 교원의 문제해결력 제고를 위해 차별 상황별 대응 매뉴얼 개발 및 보급

□ 다문화 교육 모델 개발

○ 다문화교육에 대한 체계적인 근거 마련을 위해 「초 · 중등교육법 」 개정 추진: 다문화학생의 범위 규정, 특별학급 · 다문화교육지원

센터 설치 · 운영 근거마련 등

○ 다문화교육 경험이 풍부한 교원들로 다문화교육 중앙지원단을 구성하여 다문화교육정책 운영 지원

【 다문화교육 중앙지원단 주요 역할】
* 중앙 및 지역 단위 전문인력 활동(정책자문, 연수, 워크숍 강사 활동 등)
* 다문화교육 정책학교 운영 지원(운영계획서 검토, 현장방문 및 컨설팅 실시 등)
* 중앙단위 다문화교육 자료 개발 및 자문·감수, 다문화교육 우수사례 발굴 및 공유 등

○ 다문화 정책학교 및 연구학교 운영 내실화를 통해 일반학교에 적용 가능한 다문화교육 모델 개발 및 공유

□ 학교폭력 예방 및 피해 다문화 청소년 지원

○ 학교폭력 예방 프로그램(어울림) 개발 시 공감, 소통 등 구성원이 조화롭게 생활할 수 있는 교육내용 반영

○ 학교폭력 등 문제 대응 시 다문화 감수성을 제고하그 다문화 학생의 진술 기회 확보를 위해 다문화 상담사, 통번역사 등 참여

○ 학교 등 1차 지원기관에서 폭력 피해학생 등 다문화 위기 청소년 발굴 후 전문기관 (청소년상담복지센터, Wee 센터, 정신건강복지센터 등)으로 적극 연계

(2) 결혼이민자 정착주기별 지원

결혼이민자의 정착주기와 가구구성에 따라 다양해진 지원수요에 대응하여 전 생애를 포괄하는 사각지대 없는 지원서비스 구축 추진

2-1. 건전한 국제결혼 환경 조성

2-1-1. 국제결혼중개 피해 예방을 위한 제도적 기반 강화

□ **국제결혼중개 피해 방지를 위한 제도 개선 추진**

○ 이용자의 과도한 비용 부담을 방지하기 위해 결혼중개수수료의 상·하한선 제시 검토

○ 속성결혼 관행으로 인한 피해를 예방하기 위한 방안 마련 추진

□ **국제결혼중개업 관련 통계기반 정비**

○ 국제결혼중개 이용자 피해사례 조사 등 실태조사 내실화

○ 국제결혼중개업체 행정처분 현황, 결혼중개실적 등 상세 정보 공시를 통해 통계정보 제공 강화

2-1-2. 국제결혼중개업 관리·감독 강화 및 교육 확대

□ **온라인상의 국제결혼중개업 모니터링 등 점검**

○ 국제결혼중개업체의 온라인상 인권침해성 표시·광고 모니터링에 대한 법적 근거 마련 추진

○ 온라인상의 거짓·과장 등 불법 표시·광고 행위를 차단하기 위해 상시 모니터링 전담체계 강화

□ **지방자치단체의 국제결혼중개업 관리·감독 강화**

○ 국제결혼중개업에 대한 온·오프라인 지도점검 및 개선조치 내실화

○ 지자체 지도점검 역량강화를 위해 국제결혼중개업 담당공무원에

대한 교육훈련을 확대하고 업무매뉴얼 제작·배포

○ 지자체 국제결혼 지원사업의 성차별 등 요소를 점검하고 개선을 위한 권고 추진

□ **국제결혼중개업자·국제결혼(예정)자 대상 교육 강화**

○ 국제결혼중개업자뿐 아니라 종사자까지 교육을 확대하고, 교육회차 확대, 온라인 교육 실시 등 교육 내실화 추진

○ 국제결혼 당사자 간 상호이해 제고를 위한 결혼이민 (예정)자 대상 현지사전교육, 배우자 대상 국제결혼안내프로그램 등 제공

○ 국제결혼중개 피해 구조 강화를 위해 국제결혼중개 피해상담전화 홍보를 강화하고 상담 시 통번역 지원

2-2. 다문화가족 가구상황별 맞춤형 지원

2-2-1. 결혼이민자 초기 적응 지원 강화

□ **결혼이민자의 의사소통 및 조기 적응 지원**

○ 가족센터를 통한 통번역 서비스 제공 및 실용 한국어 교육 강화

○ 조기적응프로그램, 사회통합프로그램 콘텐츠 내실화 및 가족센터의 부부교육 등 각종 교육과 연계 강화

○ 다문화가족 초기 적응기의 복잡한 문제해결을 위한 초기 상담, 수요 파악, 서비스 연계 등을 지원하는 사례관리 서비스 강화

□ **결혼이민자에 대한 한국생활 정보제공 강화**

○ 다누리콜센터를 통한 다국어 상담 및 종합 정보제공 기능 강화

○ 종합가이드북 「한국생활안내」를 지속 현행화하고 e-book, 다누리앱 등을 통해 접근성 제고

○ 한국생활에 꼭 필요한 주제별 정보를 담은 '정보더하기' 내실화: 외국인 건강보험 당연가입제도, 영유아 건강검진, 긴급복지지원, 어린이집 생활이야기 등 주제별 정보 제공

2-2-2. 장기 안착기 다문화가족 지원 확대

□ **장기 정착 다문화가족 맞춤형 프로그램 다양화**

○ 장기 정착 결혼이민자의 미래설계와 역량강화를 지원하는 자립지원 패키지를 전국 가족센터 공통 필수 사업으로 확대

○ 다문화가족 구성원이 참여하는 가족관계 및 상호이해 증진 프로그램 강화

○ 다문화가족 손자녀 양육 지원을 위해 국내에 체류하는 조부모(결혼 이민자의 부모)에 대한 교육, 상담 등 서비스 도입 추진

○ 미디어 이해·활용 격차 해소를 위해 다문화가족 대상 맞춤형 디지털 미디어 리터러시 교육지원: 미디어에 대한 쉬운 접근과 올바른 이해, 효과적 활용 및 창작을 지원하는 미디어 리터러시 역량 제고 교육

○ 결혼이민자의 노후대비 지원을 위한 노년기 1인 가구 대상 노년준비 교육 추진

□ **생활안전 교육 실시 및 다국어 지원**

○ 한국생활 중 발생할 수 있는 재난 등 상황에 대비하여 가족센터,

유관기관을 통한 다문화가족 재난안전교육 활성화

○ 한국생활에 도움이 되는 운전면허 교실, 외국인 도움센터, 119 생활 안전교육 등 지속 운영

○ 감염병·재난상황 발생 시 방역지침 다국어 안내 및 다국어 재난 대응 정보제공 등 정보 접근성 강화

○ 대형사고, 재난 경험 후 발생한 트라우마 등 사후 회복을 위한 심리상담 시 다누리콜센터 등을 통해 통역 지원

○ 각종 사건·사고 대응을 위한 112, 119 시스템 내 다국어 , 비언어적 신고체계 운영

2-2-3. 취약 다문화가족의 생활 지원

□ 다문화 한부모가족 지원 내실화

○ 다문화 한부모가족의 자녀 양육 지원 등을 위한 사례관리 지원

○ 저소득 한부모가족의 생활안정을 위한 아동양육비 지원 지속 확대

○ 전국 가족센터에서 양육비 이행 상담, 정보안내 및 면접교섭 등 지원

○ 한부모 결혼이민자가 안정적으로 체류하며 자녀를 양육할 수 있도록 체류안정 및 자녀 양육 지원 등을 위한 제도 지속 운영 및 점검

□ 본국 귀환 다문화가족 현지 지원 강화

○ 본국 정부와 협력하여 귀환 가족·자녀의 규모 파악 추진

○ 귀환 결혼이민자·자녀의 현지 생활 지원을 위한 돌봄·교육, 체

류 · 법률, 건강 · 의료, 상담 등 서비스 제공

○ 현지 한국 기업과의 취업연계 및 한국 국적의 자녀가 성장한 이후 역귀환 등을 고려하여 한국어 교육 및 한국문화 이해 프로그램 강화: 현지에서 '한-베 자녀 여름캠프' 등 한국 학생들과 상호교류 기회 확대

○ 베트남에서 실시하고 있는 본국 귀환 다문화가족 지원 사업모델(국외 다문화가족지원센터)을 타 국가(지역)로 확산 추진

【 국외 다문화가족 지원센터 개요 】
* 목적 : 이혼·사별 등의 사유로 본국으로 귀환한 결혼이민자 및 한국국적 자녀의 안정 적인 체류, 의료·교육 등 지원
* 지원내용 : 지원체계 마련 및 귀환 결혼이민자·자녀 대상 지원 프로그램 운영
  - 기초학습 및 학업지원, 의료지원 연계, 심리 및 부모상담, 귀환 결혼이민자 대상의 취업 소양 교육 및 취업연계, 가정 법률상담 및 행정절차 지원
  - 자조모임, 한국어교육, 어린이 도서관 및 공부방 운영

2-3. 결혼이민자 경제활동 참여 확대

2-3-1. 결혼이민자 자립 · 취업역량 강화 지원

□ 결혼이민자 자립·취업 기초소양 함양 지원

○ 결혼이민자 등의 한국어 능력 제고를 위해 한국어 교육과정과 교육 자료를 내실화하고 한국어교육협의체 운영을 통해 관계부처 간 협업 추진

○ 가족센터에서 취업기초소양교육을 실시하고 자립지원패키지를 통해 미래설계 및 자립역량 강화 지원

○ 학점은행제, 독학학위제를 통한 고등교육 기회 안내 및 검정고시 지원

□ **결혼이민자 직무역량 강화 지원**

○ 새일센터를 통해 기업 등 현장 수요를 반영한 결혼이민자 맞춤형 직업교육훈련 프로그램 제공

○ 평생교육지원체계를 활용하여 직업역량 강화 프로그램 제공: K-MOOC 플랫폼을 통해 한국어 강좌를 운영하고, 다양한 학문 분야의 강좌에 외국어 자막서비스 확대

□ **결혼이민자 농업인 양성**

○ 전문농업인이 결혼이민농업인을 지도하는 맞춤형 교육 등 결혼이민자 정착단계별 농업교육 지원

○ 농촌지역 결혼이민자의 농가도우미 연계 서비스 제공: (농가도우미) 출산 또는 출산예정 여성농업인이 출산으로 영농을 일시 중단하는 경우 농가도우미가 영농을 대행할 수 있도록 지원

2-3-2. 결혼이민자 취·창업 지원

□ **결혼이민자 맞춤형 일자리 발굴 등 취업 지원**

○ 가족센터의 통번역, 이중언어 전문인력 및 지역사회 내 다문화 지원시설 종사자 등 결혼이민자 맞춤형 취업기회 확대 추진

○ 기관 간 연계 (가족센터 – 새일센터 – 고용센터 등)를 통한 구직자 발굴·연계

○ 집단상담, 국민내일배움카드제, 국민취업제도 등을 통한 취업지원
○ 취업 후 고용이 유지될 수 있도록 새일센터 등을 통해 사후관리 서비스 제공
○ 지역맞춤형 일자리 창출사업, 지역공동체 일자리사업 등 지자체 일 자리 사업 추진 시 결혼이민자 참여 보장 및 독려

□ 결혼이민자 창업 지원 프로그램 제공
○ 창업 훈련, 경진대회, 자금지원, 창업보육센터, 단계별 멘토링 및 컨설팅 등 창업지원 서비스 제공
○ 새일센터 내 창업상담사 배치로 창업서비스 연계 지원
○ 사회적기업 취·창업 지원을 위해 결혼이민자 등 여성 특화 사회적 기업가 아카데미 개설 및 맞춤형 멘토링 등 제공: 다문화가족지원단체, 선배 사회적기업 등과의 네트워크를 통해 맞춤형 멘토링 제공
○ 결혼이민자 등 취약계층을 채용하는 사회적기업에 대한 지원 지속

2-4. 가정폭력 예방 및 피해자 보호

2-4-1. 입국 전-입국초기의 폭력피해 예방 프로그램 내실화

□ 현지사전교육, 국제결혼안내프로그램의 폭력피해 예방 교육 강화
○ 현지사전교육(결혼이민자), 국제결혼 안내 프로그램(배우자) 내 폭력

□ 폭력예방교육 운영 확대
○ 다문화가족 밀집 지역 등으로 찾아가는 폭력예방교육 운영 확대

2-4-2. 폭력피해 대응체계 내실화

□ 가정폭력 등 실태 파악을 위한 방안 마련

○ 다문화가족 가정폭력 실태 등 파악을 위한 연구, 조사 등 추진

□ 다기관 협업을 통한 신속한 긴급지원

○ 다누리콜센터의 폭력피해 상담역량을 강화하고 경찰 현장 출동, 긴급피난처, 전문상담소 연계 등 긴급지원 강화

○ 가족센터 사례관리 등을 통한 폭력피해 발견 시 전문상담소로 연계 강화

○ 지역사회 내 폭력피해 예방과 지원을 위한 다기관협력 네트워크를 구축하여 결혼이민자 지역안전망 강화 추진

□ 폭력피해 지원체계 안내 등 접근성 제고

○ 112 신고앱, 다누리콜센터-상담소-보호시설 등 지원체계에 대한 온·오프라인 다국어 안내 및 홍보 강화

○ 전문상담소 기능은 폭력피해 이주여성, 동반 자녀에 대한 고용·체류 등 상담 및 상담을 위한 통·번역, 임시 보호 지원(상담소 9개소).

○ 보호시설 기능은 폭력피해 이주여성, 동반 자녀에 대한 보호 및 의료·법률·주거·직업훈련 등 제공(쉼터 28개소, 그룹홈 3개소, 자활지원센터 1개소)

2-4-3. 폭력피해자 보호 · 자립지원 강화

□ **전문상담소·보호시설을 통한 지원 강화**

○ 폭력피해 이주여성 보호시설(쉼터, 그룹홈, 자활지원센터) 등을 통한 통번역, 법률, 의료, 주거, 자립 지원 강화

○ 폭력피해 이주여성 전문상담소 상담원의 역량강화 등 안정적 운영 기반 강화

○ 보호시설 종사자, 이용자의 안전보장을 위한 보호시설-경찰서 간 핫라인 등 협업 강화

○ 보호시설 퇴소 후 자립 지원을 위한 자립지원금 확대 추진

□ **폭력피해자에 대한 체류 안정 지원 강화**

○ 폭력피해를 입은 결혼이민자의 체류 안정을 위한 출입국관리법 제25 조의2(결혼이민자에 대한 특칙)등 제도 지속 운영 및 점검

○ 가정폭력 등을 이유로 재판, 수사 또는 그 의 권리구제 절차가 진행중인 국민의 배우자에 대해서는 절차가 종료될 때까지 그리고 피해 회복 등을 위하여 필요하다고 인정되는 경우, 체류기간 연장을 허가할 수 있음

(3) 상호존중에 기반한 다문화 수용성 제고

다문화가족이 우리 사회의 구성원으로 자리매김하여 조화롭게 살아갈 수 있도록 우리 사회의 다문화 이해 증진 및 다양성 존중 인식 확산

3-1. 다문화 이해교육 확대

3-1-1. 대상별 맞춤형 다문화 이해교육 강화

□ 일반 국민 대상 다문화 이해교육 확대

○ 다누리배움터를 통한 일반국민 대상 온라인 다문화 이해교육 운영 및 다누리배움터 홍보 강화 등 교육 접근성 제고 추진

○ 다문화 이해교육 강사가 기업·학교·단체 등으로 직접 찾아가는 오프라인 다문화 이해교육 확대

○ 국가평생교육 인프라 등을 활용한 다문화·이주배경에 대한 이해 증진 교육 추진

【 다문화이해교육 개요 】
* 목적 : 다문화수용성 제고를 위해 대상별 맞춤형 다문화 이해교육 실시
* 교육대상 : 일반국민, 교사, 공무원, 시설종사자, 기관 및 단체 등
* 운영방법
  - (온라인) 다누리배움터(www.danurischool.kr)에서 10개 과정 운영(일반, 교육자, 시설종사자, 직장인, 유·아동, 청소년, 경찰, 군인, 공직자, 전문강사)
  - (오프라인) 외부기관 대상 전문강사를 채용하여 찾아가는 다문화 이해교육 실시

□ 공무원, 유관기관 종사자 대상 다문화 이해교육 강화

○ 다문화가족 지원 및 민원 담당 공무원 대상 다문화 이해교육 확대 추진

○ 가족센터 등 다문화가족 지원기관 종사자 양성교육 및 보수교육 시 다문화 이해교육 비중 강화

□ 연령별 대상별 맞춤형 교육과정 운영

○ 고령층 맞춤형 교육과정을 개발하고 노인복지시설 등으로 찾아

가는 다문화 이해교육 확대

○ 다문화 아동 보육 전문역량 제고를 위한 보육교직원 대상 다문화 이해교육 강화

○ 학부모의 다문화 이해 증진 및 편견 해소를 위한 온·오프라인 다문화 이해교육 운영

○ 병영 내 문화다양성 존중 및 다문화 장병의 원활한 복무여건 조성을 위해 부대 내 다문화 이해교육 확대

3-1-2. 다문화 이해교육의 부처 간 연계 강화

□ **부처 간 전문강사 연계 강화**

○ 다문화 이해교육, 세계시민교육, 문화다양성 교육 등 부처 간 전문 강사 연계를 강화하여 교육 운영 효율성 제고

□ **기관별 교육플랫폼을 활용한 교육 확산**

○ 각 부처 소관 교육·연수기관에 다문화 이해교육 콘텐츠를 제공하는 등 연계를 강화하여 다문화 이해교육 저변 확대

3-2. 다양성 존중 인식 확산

3-2-1. 공공부문 등 다문화가족 차별 요소 점검

□ **정부 정책, 간행물 등 점검 및 컨설팅 추진**

○ 다문화가족의 실생활과 밀접한 관련성이 있는 주요 정책 등에 대한 다문화가족 차별 요소 점검·컨설팅 추진

○ 정부 간행물 등 대상 다문화가족 차별 표현 및 요소 점검·컨설

팅 추진

○ 정책 점검·컨설팅 관련 교육자료 개발, 컨설턴트 양성, 협력체계 구축 등 제도적 기반 조성 추진

□ **가족다양성 모니터링단 운영 및 차별 요소 모니터링**

○ 다문화·한부모가족, 청년 등이 참여하는 모니터링단을 운영하여 간행물·대중매체 등 대상 다양한 가족 및 다문화·인종차별적 요소 점검; 모니터링 결과를 활용한 인식개선 활동 실시

3-2-2. 미디어 환경 및 사회적 인식개선

□ **인종·문화 차별적 방송내용에 대한 심의 강화**

○ 방송심의규정에 의거하여, 인권 및 문화다양성 관점에서 차별적 요소를 시정하기 위한 심의 기능 강화

□ **인식개선 홍보·캠페인 확대**

○ 다양한 가족의 이야기와 가족다양성 포용 메시지 확산
  - 다문화가족을 주체적인 사회구성원으로 바라볼 수 있도록 다문화 인식 개선 홍보 및 캠페인 등 추진
  - 대중성·인지도 제고를 위해 TV 프로그램, 유튜버 등 협업을 통한 콘텐츠 제작·배포 추진

○ 가정의 달 계기 다문화가족 인식개선에 기여한 유공자 포상 및 상호이해 증진을 위한 행사 등 추진

○ 세계인 주간, 문화다양성 주간 계기 강연, 포럼, 문화행사 등 다

양한 프로그램 추진

3-3. 다문화가족 사회참여 활성화

3-3-1. 다문화가족과 지역주민 간 교류 · 소통 기반 확대

□ 교류·소통공간 및 프로그램 확대

○ 가족센터 내 다문화가족과 지역주민 간 교류 · 소통공간 운영

【 다문화가족 교류소통공간 개요 】

* 목적 : 다문화가족의 커뮤니티 공간 제공, 지역주민과의 소통·융합 프로그램을 통해 지역사회의 다문화 수용성 제고

* 내용

- 다문화가족 자조모임 : 결혼이민자의 한국사회 적응을 위한 취미활동, 정보공유 등
- 지역사회 통합지원 : 다문화가족과 선주민 간 소통프로그램, 결혼이민자 재능나눔 등
- 자녀돌봄·성장지원 : 센터 이용 결혼이민자의 자녀돌봄 공간 제공, 청소년 문화 공간 등

○ 교류 · 소통공간을 통해 정보공유, 문화 상호교류 등 다양한 프로그램 실시

□ 지역사회 내 다문화 프로그램 운영·확산

○ 도서관 내 다문화 담당자의 역량강화 및 문화다양성 이해와 체험을 위한 도서관 내 다문화프로그램 운영 지원: 다문화프로그램 공유 시스템을 통해 우수프로그램 확산

○ 지역별 문화자원 및 인구특성 등에 기반 한 지역특화 문화다양성 확산 프로그램 운영: 지역별 특성에 따라 성별 · 국적 등에 기초해 다양하게 나타나는 문화다양성 의제 발굴 및 상호문화교

류·소통 활성화 프로그램 운영

○ 지역 단위 기념행사, 우수 정책사례 공모 및 유공자 포상, 성과 공유회 등 활성화

3-3-2. 다문화가족 사회참여 기회 확대

□ 다문화가족 정책 참여기회 확대

○ 다문화가족 참여회의 및 정책간담회 등 현장 의견수렴 확대

【 다문화가족 참여회의 개요 】

* 위원구성 : 결혼이민자, 배우자 및 자녀 등 다문화가족 20명 내외

* 주요기능 : 다문화가족이 직접 정책과정에 참여하여 다문화가족 정책 및 사업에 관한 의견과 정책 아이디어를 제안

* 위촉방법 : 17개 시.도 추천 및 대국민 공모 등을 거쳐 출신국 및 가족구성원 대표성 등을 고려하여 위촉

○ 가족센터 운영위원회 및 지자체 다문화가족지원협의회 등 참여 확대

○ 시민참여 역량강화와 환경조성을 위한 다국어 정보제공 및 교육 추진

□ 지역사회 내 결혼이민자 사회활동 활성화

○ 결혼이민자의 다양한 자조모임 지원 및 자원봉사 활성화, 우수사례 발굴·확산

○ 결혼이민자가 직접 지역기관으로 찾아가는 다문화친화활동 활성화: (찾아가는 결혼이민자 다이음) 결혼이민자가 직접 다문화친화활동

강사로 활동하며 자립역량을 강화하고, 지역사회의 다문화수용성 제고에 기여

○ 농촌 지역 결혼이민자 리더십 제고 및 다문화 공존을 위한 지원 프로그램 개발 및 운영

(4) 다문화가족정책 추진기반 강화

다문화가족정책 환경에 대한 분석과 환류를 통해 다문화가족 지원체계를 내실화하고, 효율적 정책 추진을 위한 다양한 정책 추진체계 간 연계·협력 강화

4-1. 다문화가족정책 환류 시스템 구축 · 운영

4-1-1. 정책환경과 수요에 기반한 지원체계 내실화

□ 정책 기초자료 수집을 위한 실태조사 실시

○ 3년 주기 실태조사를 통해 다문화가족의 현황, 어려움, 지원수요 등을 파악하여 기본계획 및 각종 대책 마련의 기초자료로 활용

○ 국민 다문화 수용성 조사를 실시하여 다문화 수용성 변화 추이 분석 및 국민 다문화 수용성 조사 법적근거 마련 검토

□ 다문화가족 지원 현장 의견수렴 및 환류 강화

○ 가족센터 등 현장간담회를 통해 종사자 및 이용자 의견수렴 강화

○ 전국 가족센터장과의 소통을 통한 서비스 전달체계 발전방안 모색

○ 다문화가족 참여회의 등 정책당사자의 정책제언을 바탕으로 지원 서비스 발굴 · 확대 추진

4-2. 다문화가족 지원 서비스 접근성 제고

4-2-1. 대상자 발굴과 서비스 안내를 위한 기관 간 연계 강화

□ 신규 입국자 정보 연계 확대

○ 조기적응프로그램 , 현지사전교육 수료자 중 개인정보 제공에 동의 한 결혼이민자 정보를 가족센터로 연계, 서비스 안내 활성화

○ 가족센터의 지원이 필요한 결혼이민자 발굴을 위해 주민센터, 출입국 관서 등과 연계 강화

□ 행정복지센터-가족센터 간 연계 추진

○ 행정복지센터 찾동이(찾아가는 동주민센터)와 연계하여 지역주민에게 '찾아가는 가족센터' 운영

4-2-2. 정책수혜자 중심의 서비스 접근성 제고

□ 정부 24, 복지로 등 온라인시스템 연계 강화

○ 가족센터 홈페이지 등을 통해 다문화가족 지원 서비스에 대한 온라인 안내를 강화하고 서비스 신청 편의 증진

○ 정부24, 복지로 등을 통해 다문화가족 지원 서비스를 안내하고 및 온라인으로 서비스를 신청할 수 있도록 시스템 연계 추진

□ 다문화 친화적인 공공서비스 제공

○ 지자체, 학교 등 공공기관 홈페이지, 정책홍보책자 등 다국어 지원 확대

○ 지역사회 내 통·번역 자원 활용 및 인근 지역 자원과의 연계·

협력을 통한 다언어 통·번역 지원체계 마련 추진

○ 지역사회의 특성을 반영한 다양한 다문화가족 지원사업 확대 추진

4-3. 다문화가족정책 협력체계 강화

4-3-1. 범부처 다문화가족정책 조정과 협력 강화

□ 다문화가족정책 관련 정부위원회 간 연계·협력 강화

○ 다문화가족정책위원회-외국인정책위원회 등을 통한 정책조정 및 간사부처 간 협력 강화

○ 실무협의체, 실무분과위원회의 정례적 개최를 통한 정책협의 강화

○ 연간 다문화가족정책 시행계획 및 추진실적 점검·환류 체계의 실효성 제고

□ 이민정책과 다문화가족정책 간 연계·협력 강화

○ 이민자 증가 등 정책환경 변화에 대응한 이민정책 및 다문화가족 정책의 종합적 정책방향 협의 활성화

○ 이민자의 초기적응, 장기정착 등 정착단계별 효율적 지원을 위한 연계·협력 강화

4-3-2. 중앙-지방 간 다문화가족정책 협력체계 구축

□ 중앙과 지방 간 소통·협력 체계 마련

○ 시·도 과장 회의 및 지자체 간담회 등을 통한 소통·협력 강화

□ **지역 내 유관기관 협력 강화 및 정책 우수사례 확산**

○ 지역자원 및 유관기관을 활용한 지역 특화 다문화가족 서비스 개발

○ 연간 다문화가족정책 시행계획 추진실적 분석 등을 통해 지자체 정책 모범사례를 발굴하여 확산

4-3-3. 주요 결혼상대국과의 국제협력 강화

□ **결혼이민자의 인권보호를 위한 국제협력 강화**

○ 결혼이민자의 인권보호를 위한 국가 간 정보교환 및 제도개선 추진

□ **국제결혼이민관 역할 내실화**

○ 베트남 국제결혼이민관을 지속 파견하여 결혼이민자 인권침해 예방

○ 결혼이민자 다수 국가 대상 국제결혼이민관 파견 확대 추진

【 국제결혼이민관 개요 】

* 주요기능 : 주재국 정부(여성연맹) 및 관계기관 등과 협력, 다문화가족 지원사업 점검, 국제결혼 인권상담 및 사건사고 현지대응 등
* 파견기관/인원 : 주베트남 한국대사관(하노이)/ 과장급(4급) 1명
* 추가 검토지역 : 베트남(호치민), 태국, 필리핀 등

25. 4차 다문화가족정책 기본계획에 대해 어떻게 생각하시나요?

26. 다문화가족정책 기본계획에 추가할 내용은 무엇이 있나요?

13

다문화가족정책 중앙행정기관별 시행계획

1) 중앙부처

(1) 교육부

교육부의 다문화가족 지원정책 관련 주요사업은 결혼이민자 사회·경제적 참여 확대, 다문화가족 자녀의 안정적 성장과 역량 강화, 상호존중에 기반한 사회적 다문화수용성 제고, 협력적 다문화가족 정책 운영을 위한 추진체계 강화이다.

○ 결혼이민자 사회·경제적 참여 확대

- 학점은행제 및 독학학위제 홍보자료 배포 및 관련 홈페이지 및 홍보자료(PDF) 링크 안내. 228개 다문화가족지원센터에 '2022년 학점은행제 길라잡이', '2022년 독학학위제 학위취득시험 요강 및 리플릿'각 10부 배포(총 4,560부)

○ 다문화가족 자녀의 안정적 성장과 역량 강화

- 청소년기 다문화학생 특성을 고려한 상담이 제공될 수 있도록 진로전담교사·전문상담 교사 대상 맞춤형 원격 연수 지원
- '제10회 전국 이중언어말하기 대회(11월)' 개최를 통해 이중언어 학습동기 고취 및 재능개발 지원
- 다문화학생의 학교 조기적응과 기초학습을 지원하기 위한 '다문화학생 대학생 멘토링'(4,000여 명) 사업 내실화
- 원격영상 진로멘토링(30회)으로 다문화학생 강점을 살린 진로탐색을 지원하고, 다문화학생 맞춤형 커리어넷 온라인 심화 진로

상담을 통한 진로개발역량 지원

- 법무부 정보연계를 통한 중도입국자녀 공교육 진입 지원 강화

○ 상호존중에 기반한 사회적 다문화수용성 제고

- 학교 현장의 다문화교육을 활성화하기 위하여 다문화교육 정책학교(유·초·중등) 운영 지원
- 다문화교육 선도인력으로 '다문화교육 중앙지원단' 구성 · 활용

○ 협력적 다문화가족 정책 운영을 위한 추진체계 강화

- 컨설팅 및 권역별 협의회를 통한 지역다문화교육지원센터 운영 지원 및 센터 운영 자율성 확대를 통해 지역 여건에 맞는 다문화교육 추진 지원

(2) 외교부

○ 해외봉사단(드림봉사단) 신규파견이 '21.12월에 재개된 바, 2022년 대국민 대상 신규 선발 재개 시 다문화가족 참여 독려를 위한 맞춤형 홍보 필요. 코로나19에 따른 국별 안전 상황, 현장파견형 원격활동 수요 발굴 현황, 사업참여자(미성년자) 특성을 등을 감안, 사업 규모는 변동 가능

○ KOICA 영프로페셔널(해외사무소 청년 인턴 파견) 사업수행기관 공모 시, '21년 하반기부터 사회배려층 가점 내 다문화가정 포함한 바, '22년부터 기관 공모설명회 계기 다문화가정 채용 독려 지속 필요

○ (대책과제) '한베함께돌봄센터' 등을 통해 귀환여성들의 법률 지원, 직업훈련 협력 및 그 자녀들에 대한 신분 안정, 체류비자 연장 지원 지속. 한베돌봄센터(하이퐁, 껀터) 등을 통하여 취학아동의 정규교육 참여 실태 파악 후 주재국 관계부처와 협의 추진

(3) 법무부

○ 결혼이민자의 한국사회 자립과 국민과 다문화가족이 공존하는 사회환경 조성
- 결혼이민자 등이 우리 사회 구성원으로 적응·자립할 수 있도록 사회통합교육, 이민자 네트워크 등 운영 활성화
- 국민과 다문화가족이 상호 존중하고 더불어 살아가는 사회환경 조성을 위한 국가기념일 '세계인의 날' 기념식 개최 등

(4) 국방부

○ 군 간부 및 일반 장병을 대상으로 다문화사회에 대한 이해와 인식을 제고할 수 있도록 다문화 전문강사의 찾아가는 다문화 이해교육 실시
○ 군 내부 다문화 전문강사 양성으로 지속적인 교육 실시 기반 조성 및 다문화에 대한 간부 인식 개선 촉진

(5) 행정안전부

○ 대민 서비스 제공자에 대한 다문화이해 교육 강화

- 외국인 주민 관련 업무 담당자의 전문성 향상 및 지자체 공무원들의 다문화 수용성 제고를 위한 다문화 교육과정 · 과목 운영, 지방자치인재개발원, 시도 공무원교육원(부서)에서 외국인지원, 타문화에 대한 이해, 이주민 인권 등 다양한 교과목 개설 · 운영

(6) 문화체육관광부

○ 문화다양성 보호 및 증진 정책 지속 추진 및 내실화 도모

- 문화다양성 교육대상을 사회 각층으로 확대 및 운영 고도화 추진. 교과서 배포 및 활용 지원으로 학교 안 문화다양성 가치 교육 지원, 대상별 전문인력 양성과정 신규 개발 지속 추진 및 기존 개발 과정 운영 고도화를 통해 체계적 · 전문적 교육과정 구축 노력
- 사회구성원 내 갈등관리 및 사회통합을 위한 문화다양성 정책 추진. 지역 내 이주민과 지역주민 간의 문화예술을 통한 네트워크 구축 및 종합 성과보고회 등 개최, 방송영상콘텐츠 제작 세부 가이드라인 제공으로 외국인에 대한 차별 방지, 전국 지역문화 공공기관과의 협력을 통해 문화다양성 주간행사 운영 및 문화다양성 가치 확산 홍보 · 캠페인 실시

○ 다문화수용성 제고 기반 조성

- 결혼이민자 및 외국인근로자 등 다문화가족과 지역주민 간의 문화 격차 해소 및 지식 정보 공유를 위한 도서관 서비스 개선. 공공도서관에서 지역주민과 함께하는 다문화 인식개선 및 체험 프로그램 운영 지원

○ 한국어교육 내실화 및 전문성 강화

- 한국어교재협의회 개최 및 기 개발 다문화가족 대상 한국어 교재 등 교육자료 활용 지원(교원 연수, 보급 등)

(7) 농림축산식품부

○ 영농종사 의지가 있는 결혼이민여성을 대상으로 하는 '기초농업교육' 및 수준별 농업 교육을 실시하는 '1:1 갖춤형 농업교육' 실시(1,600명 목표)

○ 결혼이민여성 1:1 후견인제를 지원하여 한국 농촌 생활에 어려움을 겪는 신규 결혼이민여성에게 생활상담(가정생활, 복지사업, 한국문화 등)을 통해 농촌생활 적응 및 안정적 정착을 유도

(8) 산업통상자원부

○ 글로벌 ESG 온·오프라인 채용상담회 고도화 추진

- 다문화인 및 일반 구직자 대상 ESG 중요성 제고를 위한 간담

회, 세미나 및 채용상담회 진행 시 맞춤형 지원 확대 예정

(9) 보건복지부

○ 다문화가족을 대상으로 통합사례관리가 시기적절하게 제공될 수 있도록 민관협업 및 지자체 역량 강화를 위한 노력 강화
- 민간복지기관과 시군구·읍면동과의 정례적 소통 및 협의 활성화
- 역량 강화 및 지역별 편차개선을 위한 지자체 맞춤형 컨설팅, 슈퍼바이저 교육 등 전문성 강화 추진

○ 현직 어린이집 원장 및 보육교사 보수교육과정에 다문화가정 영유아보육 및 지원내용 포함하여 연중 교육 실시

○ (대책과제) 베트남 귀환 여성 자녀가 현지에서 건강하게 성장하여 자립할 수 있도록 지속적인 의료서비스 지원을 유지 및 북동부 지역 확대

(10) 고용노동부

○ 결혼이민자 사회·경제적 참여 확대를 위한 취·창업지원 서비스 제공
- 결혼이민여성에게 새일센터 취업지원프로그램을 제공하여 구직능력 향상 및 취업촉진 도모
- 결혼이민여성 등 취업취약계층에게 통합적인 취업지원서비스

를 제공하고 생계를 지원함으로써 이들의 구직활동 및 생활안정 지원
- 결혼이민자를 대상으로 다국어 자격시험에 대한 수요 파악 추진, 선호 언어·종목·지역을 중심으로 다국어 자격 검정 확대
- 사회적경제기업 창업에 관심 있는 결혼이민자 등 여성을 대상으로 특화된 창업교육 과정을 실시하여 신규 창업 촉진

○ 다문화가족 자녀의 안정적 성장과 역량 강화를 위한 진로준비 및 사회진출 지원

(11) 여성가족부

○ 결혼이주여성 인권 보호 및 안정적인 가족생활 지원
- 결혼중개업자의 자질향상을 위한 보수교육 실시 및 결혼중개에 관한 표시·광고 모니터링 등 법적 근거 마련 추진
- 폭력피해 이주여성 상담, 통번역 서비스 및 유관기관 연계 등 제공을 위한 이주여성 상담소(9개소) 및 보호시설(33개소) 운영하여 동반아동 보호·주거 지원
- 방문교육지도사 대상 긴급복지지원 신고의무자 교육 등 필수교육을 실시하여, 지원체계 내에서 폭력 예방조치 및 의심사례 모니터링 강화
- 국제결혼중개업자 및 지자체 담당공무원 교육 시, 한국소비자원·대한법률구조공단의 전문가를 강사로 초빙하여 국제결혼 피해 상담/대응 역량 강화

- 결혼이민자, 한국인배우자와 배우자의 부모가 함께 듣는 상호 이해 교육프로그램(다함께 프로그램) 운영 확대 및 지속 제공. 2020년 32개소 신규 → 2021년 228개소 → 2022년 230개
- 실생활에 필요한 심층정보를 13개 언어로 제공하는 「한국생활안내」를 ebook으로 제공하여 정보접근성 강화

○ 결혼이민자의 자립역량 강화 및 다양한 사회 참여 기회 확대
- 결혼이민자 미래설계, 역량 강화, 취업 지원을 위한 '자립지원 패키지' 확대 운영(203개소 → 207개소) 및 다문화가족지원센터와 취업전문지원기관 연계
- 민관협력 사업을 통해 결혼이민자 부모학교(검정고시) 및 컴퓨터 활용교육반을 운영하여 취업경쟁력 향상 도모
- 새일센터를 통해 결혼이민여성 직업교육훈련(16개 과정) 실시 및 창업전담인력을 배치하여 결혼이민여성 예비창업자 지원
- 다문화가족이 정책 수립 및 추진과정에 주체적으로 참여할 수 있도록 '제7기 다문화가족참여회의' 구성원 다양화·확대 운영 지속

○ 다문화가족 자녀 역량 제고 및 정서 지원을 통해 동등한 출발선 보장
- 다문화가족 자녀-부모 관계 향상, 리더십 및 정체성 확립을 위한 자녀종합지원서비스 (다재다능) 확대(203개소 → 207개소) 및 이중언어 환경조성 참여 확대
- 다문화가족 학령기 자녀 대상 정서 및 진로취업 지원(78개소),

취학준비 학습지원 사업 (90개소)을 통해 학력격차 완화 및 적응력 향상('22년 신규)

- 중도입국청소년 지원 프로그램에 한국어 교육과정을 포함하여 한국어 능력 향상 및 한국사회 조기 적응 지원(레인보우스쿨 일반형 20개소, 진로형 5개소)
- 이주배경청소년의 심리상담 및 심리치료 등 안정적 정서 지원을 위해 상담통역지원사 언어권 확대 운영(중국어, 베트남어, 러시아어 + 몽골어)

○ 상호존중에 기반한 다문화 수용성 제고를 위한 환경 조성 노력

- 시행 중인 법령, 사회적 파급효과가 큰 주요 정책을 대상으로 다문화가족 차별요소가 없도록 '다문화영향평가' 추진
- 2021년 국민 다문화수용성조사, 2021년 전국 다문화가족실태조사 결과 심층분석을 통한 수용성 향상을 위한 방안 및 다문화가족 정책적 수요 파악
- 결혼이민자가 지역사회 어린이집, 유치원 등에서 직접 다문화이해교육을 진행하는 '찾아가는 결혼이민자 다이음사업' 운영 확대(5개월 → 10개월)

○ (대책과제) 귀환여성과 한국국적 자녀의 안정적 체류, 의료·교육 등 기본권 보장을 위한 현지 인프라 구축 및 맞춤형 프로그램 확대. 북부지역 한-베 함께돌봄센터 건립 및 귀환 결혼이민자 대상 현지 법률지원, 상담 등 확대

(12) 국토교통부

○ 다문화가족 및 한부모가족에 대한 주택 특별공급 제도를 지속 운용하고, 이에 대한 정보 안내 지속 실시

(13) 중소벤처기업부

○ (창업 활성화) 여성창업보육시설 운영 및 입주기업 지원프로그램 마련, 여성기술 창업자 등을 대상으로 교육·멘토링·사업화지원 등 맞춤형 지원

○ (경영안정 지원) 여성기업제품 공공구매 확대, 전자입찰 실무 교육제공 등을 통해 여성기업 판로 촉진 및 경영 안정 지원

2) 기타 관련 기관 및 위원회

(1) 방송통신위원회

○ (방송 프로그램 제작지원) 다양한 교육 프로그램을 통하여 다문화가족의 사회적응을 돕고 나아가 사회통합에 기여함과 동시에, 일반 시청자들의 사회 소외계층에 대한 인식 개선에 기여. 다양한 인종, 민족, 문화가 공존하는 한국 사회에서 장인과 사위가 서로 간의 다름을 이해하고 상대성을 존중하도록 돕는 프로그램 신설

○ (다문화가족 대상 미디어교육) 다문화가족이 지역 생활에 쉽게 적응하

고 지역민들과 원활하게 소통할 수 있도록 다문화가족 지원센터와 연계한 미디어교육 실시

- 스마트폰을 활용한 사진촬영 및 원격수업 스강법, SNS · 유튜브를 통해 소통하기, 지역생활 주제의 영상 제작 등 맞춤형 교육 프로그램 개발

(2) 방송통신심의위원회

○ 문화 · 인종차별 방송프로그램에 대한 심의 강화

○ 방송사 심의책임자 회의 및 교육 등을 통한 사업자 자율규제 역량 강화

- 인권 · 문화 차별적 방송 관련 심의규정 및 주요 위반 사례 등에 대해 교육 실시

(3) 경찰청

○ (범죄예방·운전면허교육) 결혼이주민, 외국인 근로자 등 외국인 유형별 특성을 고려한 맞춤형 범죄예방 교육으로 안정적인 정착을 지원

- 화상프로그램을 통해 실시간 교육실시, SNS 동영상 교육자료 · 카드뉴스 등을 배포하는 등 비대면 교육 병행하여 체류외국인 치안공백 해소
- 체류외국인 지원업무를 수행하는 유관기관과 협업, 타부처에서 운영하는 체류외국인 교육과정을 활용하여 범죄예방 교육 실시. 법무부(사회통합프로그램), 여가부(결혼이주여성), 고용노동부(취

업프로그램) 등

○ (외국인도움센터 운영) 운영실적과 지역별 외사수요를 점검하여 도움센터를 재정비하고, 외국인 상담을 통해 범죄피해를 선제적으로 발견하는 시스템 구축. 체류외국인이 자주 접하는 시설·기관을 외국인 도움센터로 지정, 범죄피해 상담창구로 활용

- 상담 중 범죄피해 발견 시 「범죄피해 이주여성 보호·지원 협의체」로 연계해 범죄피해로 어려움을 겪는 이주여성에게 체계적인 피해회복 지원

(4) 농촌진흥청

○ 협업을 통한 다문화 이해교육 활성화로 여성농업인 후계인력 양성 지원

- 결혼이주 여성농업인에게 우리 농업·농촌에 대한 이해도 제고를 위하여 농촌여성지도자 중심의 다문화이해 교육 지속적 추진. 농작업 안전, 건강, 온라인매체 활용 정보화 교육을 통한 소통 활성화 등
- 결혼이주 여성농업인은 농촌여성지도자를 통한 영농·생활정보 공유(농작물 품목별 영농기술 정보·교육, 식문화, 생활예절, 지역생활 등). 농촌진흥기관(농진청·도원·센터), 생활개선회 등을 통한 농업정책, 영농기술 정보 제공

○ 농촌지역 결혼이주여성 리더십 제고 프로그램 운영
- 농촌 다문화사회 변화 대응을 위해 우리 원이 개발한 결혼이민여성 리더역량 진단표와 교육 프로그램의 현장 적용·운영. 리더역할, 의사소통/갈등해결 기법, 바인딩어프로치 등
- 결혼이민여성이 경험한 사회적 배제 사례 집단인터뷰 등

(5) 소방청

○ 전국 소방안전교육 인프라 활용 운영 및 교육자료 제작·보급
- 소방안전체험관 13개소, 안전교실 75개소, 이동형안전체험차량 55대 시설활용 및 전국 소방서 비대면 소방안전교육 운영
- 외국인(다문화) 소방안전교육 표준교재 추가 제작 및 보급 추진

27. 효율적인 다문화가족정책 지원을 위해 무엇을 더 강화해야 할까요?

28. 다문화가족을 위해 각 부처별 어떤 추가 지원이 필요하다고 생각하나요?

부록

다문화가족지원법

(약칭: 다문화가족법)

[시행 2020. 5. 19.] [법률 제17281호, 2020. 5. 19., 일부개정]

여성가족부(다문화가족과)

제1조(목적) 이 법은 다문화가족 구성원이 안정적인 가족생활을 영위하고 사회구성원으로서의 역할과 책임을 다할 수 있도록 함으로써 이들의 삶의 질 향상과 사회통합에 이바지함을 목적으로 한다. 〈개정 2015. 12. 22.〉

제2조(정의) 이 법에서 사용하는 용어의 뜻은 다음과 같다. 〈개정 2011. 4. 4., 2015. 12. 1.〉

1. "다문화가족"이란 다음 각 목의 어느 하나에 해당하는 가족을 말한다.
   가. 「재한외국인 처우 기본법」 제2조 제3호의 결혼이민자와 「국적법」 제2조부터 제4조까지의 규정에 따라 대한민국 국적을 취득한 자로 이루어진 가족
   나. 「국적법」 제3조 및 제4조에 따라 대한민국 국적을 취득한 자와 같은 법 제2조부터 제4조까지의 규정에 따라 대한민국 국적을 취득한 자로 이루어진 가족
2. "결혼이민자 등"이란 다문화가족의 구성원으로서 다음 각 목의

어느 하나에 해당하는 자를 말한다.

가. 「재한외국인 처우 기본법」 제2조 제3호의 결혼이민자

나. 「국적법」 제4조에 따라 귀화허가를 받은 자

3. "아동·청소년"이란 24세 이하인 사람을 말한다.

제3조(국가와 지방자치단체의 책무) ① 국가와 지방자치단체는 다문화가족 구성원이 안정적인 가족생활을 영위하고 경제·사회·문화 등 각 분야에서 사회구성원으로서의 역할과 책임을 다할 수 있도록 필요한 제도와 여건을 조성하고 이를 위한 시책을 수립·시행하여야 한다. 〈개정 2015. 12. 22.〉

② 특별시·광역시·특별자치시·도·특별자치도 및 시·군·구(자치구를 말한다. 이하 같다)에는 다문화가족 지원을 담당할 기구와 공무원을 두어야 한다. 〈신설 2012. 2. 1., 2015. 12. 1.〉

③ 국가와 지방자치단체는 이 법에 따른 시책 중 외국인정책 관련 사항에 대하여는 「재한외국인 처우 기본법」 제5조부터 제9조까지의 규정에 따른다. 〈개정 2012. 2. 1.〉

제3조의2(다문화가족 지원을 위한 기본계획의 수립) ① 여성가족부장관은 다문화가족 지원을 위하여 5년마다 다문화가족정책에 관한 기본계획(이하 "기본계획"이라 한다)을 수립하여야 한다.

② 기본계획에는 다음 각 호의 사항을 포함하여야 한다. 〈개정 2015. 12. 22.〉

1. 다문화가족 지원 정책의 기본 방향
2. 다문화가족 지원을 위한 분야별 발전시책과 평가에 관한 사항
3. 다문화가족 지원을 위한 제도 개선에 관한 사항

3의2. 다문화가족 구성원의 경제·사회·문화 등 각 분야에서 활동

증진에 관한 사항

4. 다문화가족 지원을 위한 재원 확보 및 배분에 관한 사항

5. 그 밖에 다문화가족 지원을 위하여 필요한 사항

③ 여성가족부장관은 기본계획을 수립할 때에는 미리 관계 중앙행정기관의 장과 협의하여야 한다.

④ 기본계획은 제3조의4에 따른 다문화가족정책위원회의 심의를 거쳐 확정한다. 이 경우 여성가족부장관은 확정된 기본계획을 지체 없이 국회 소관 상임위원회에 보고하고, 관계 중앙행정기관의 장과 특별시장・광역시장・특별자치시장・도지사・특별자치도지사(이하 "시・도지사"라 한다)에게 알려야 한다. 〈개정 2015. 12. 1., 2020. 5. 19.〉

⑤ 여성가족부장관은 기본계획을 수립하기 위하여 필요하다고 인정하는 경우 관계 기관의 장에게 기본계획의 수립에 필요한 자료의 제출을 요구할 수 있다.

⑥ 제5항에 따라 자료의 제출을 요구받은 관계 기관의 장은 정당한 사유가 없으면 이에 따라야 한다.

[본조신설 2011. 4. 4.]

제3조의3(연도별 시행계획의 수립・시행) ① 여성가족부장관, 관계 중앙행정기관의 장과 시・도지사는 매년 기본계획에 따라 다문화가족정책에 관한 시행계획(이하 "시행계획"이라 한다)을 수립・시행하여야 한다.

② 관계 중앙행정기관의 장과 시・도지사는 전년도의 시행계획에 따른 추진실적 및 다음 연도의 시행계획을 대통령령으로 정하는 바에 따라 매년 여성가족부장관에게 제출하여야 한다.

③ 시행계획의 수립・시행 및 추진실적의 평가 등에 필요한 사항은

대통령령으로 정한다.

[본조신설 2011. 4. 4.]

제3조의4(다문화가족정책위원회의 설치) ① 다문화가족의 삶의 질 향상과 사회통합에 관한 중요 사항을 심의·조정하기 위하여 국무총리 소속으로 다문화가족정책위원회(이하 "정책위원회"라 한다)를 둔다.

② 정책위원회는 다음 각 호의 사항을 심의·조정한다.

1. 제3조의2에 따른 다문화가족정책에 관한 기본계획의 수립 및 추진에 관한 사항
2. 제3조의3에 따른 다문화가족정책의 시행계획의 수립, 추진실적 점검 및 평가에 관한 사항
3. 다문화가족과 관련된 각종 조사, 연구 및 정책의 분석·평가에 관한 사항
4. 각종 다문화가족 지원 관련 사업의 조정 및 협력에 관한 사항
5. 다문화가족정책과 관련된 국가 간 협력에 관한 사항
6. 그 밖에 다문화가족의 사회통합에 관한 중요 사항으로 위원장이 필요하다고 인정하는 사항

③ 정책위원회는 위원장 1명을 포함한 20명 이내의 위원으로 구성하고, 위원장은 국무총리가 되며, 위원은 다음 각 호의 사람이 된다.

1. 대통령령으로 정하는 중앙행정기관의 장
2. 다문화가족정책에 관하여 학식과 경험이 풍부한 사람 중에서 위원장이 위촉하는 사람

④ 정책위원회에서 심의·조정할 사항을 미리 검토하고 대통령령에 따라 위임된 사항을 다루기 위하여 정책위원회에 실무위원회를 둔다.

⑤ 그 밖에 정책위원회 및 실무위원회의 구성 및 운영 등에 필요한 사항은 대통령령으로 정한다.

[본조신설 2011. 4. 4.]

제4조(실태조사 등) ① 여성가족부장관은 다문화가족의 현황 및 실태를 파악하고 다문화가족 지원을 위한 정책수립에 활용하기 위하여 3년마다 다문화가족에 대한 실태조사를 실시하고 그 결과를 공표하여야 한다. 〈개정 2010. 1. 18.〉

② 여성가족부장관은 제1항에 따른 실태조사를 위하여 관계 공공기관 또는 관련 법인·단체에 대하여 필요한 자료의 제출 등 협조를 요청할 수 있다. 이 경우 자료의 제출 등 협조를 요청받은 관계 공공기관 또는 관련 법인·단체 등은 특별한 사유가 없는 한 이에 협조하여야 한다. 〈개정 2010. 1. 18.〉

③ 여성가족부장관은 제1항에 따른 실태조사를 실시함에 있어서 외국인정책 관련 사항에 대하여는 법무부장관과, 다문화가족 구성원인 아동·청소년의 교육현황 및 아동·청소년의 다문화가족에 대한 인식 등에 관한 사항에 대하여는 교육부장관과 협의를 거쳐 실시한다. 〈개정 2010. 1. 18., 2011. 4. 4., 2013. 3. 23., 2015. 12. 1., 2017. 3. 21.〉

④ 제1항에 따른 실태조사의 대상 및 방법 등에 필요한 사항은 여성가족부령으로 정한다. 〈개정 2010. 1. 18.〉

제5조(다문화가족에 대한 이해증진) ①국가와 지방자치단체는 다문화가족에 대한 사회적 차별 및 편견을 예방하고 사회구성원이 문화적 다양성을 인정하고 존중할 수 있도록 다문화 이해교육을 실시하고 홍보 등 필요한 조치를 하여야 한다. 〈개정 2011. 4. 4., 2013. 3. 22.〉

② 여성가족부장관은 제1항에 따른 조치를 함에 있어 홍보영상을

제작하여 「방송법」 제2조제3호에 따른 방송사업자에게 배포하여야 한다. 〈신설 2015. 12. 1.〉

③ 여성가족부장관은 「방송법」 제2조제3호에 따른 방송사업자(이하 이 조에서 "방송사업자"라 한다)에게 같은 법 제73조제4항에 따라 대통령령으로 정하는 비상업적 공익광고 편성비율의 범위에서 제2항의 홍보영상을 채널별로 송출하도록 요청할 수 있다. 〈신설 2015. 12. 1., 2020. 5. 19.〉

④ 방송사업자는 제2항의 홍보영상 외에 독자적으로 홍보영상을 제작하여 송출할 수 있다. 이 경우 여성가족부장관에게 필요한 협조 및 지원을 요청할 수 있다. 〈신설 2015. 12. 1., 2020. 5. 19.〉

⑤ 교육부장관과 특별시·광역시·특별자치시·도·특별자치도의 교육감은 「유아교육법」 제2조, 「초·중등교육법」 제2조 또는 「고등교육법」 제2조에 따른 학교에서 다문화가족에 대한 이해를 돕는 교육을 실시하기 위한 시책을 수립·시행하여야 한다. 이 경우 제4조에 따른 실태조사의 결과 중 다문화가족 구성원인 아동·청소년의 교육현황 및 아동·청소년의 다문화가족에 대한 인식 등에 관한 사항을 반영하여야 한다. 〈신설 2011. 4. 4., 2013. 3. 23., 2015. 12. 1., 2017. 3. 21.〉

⑥ 교육부장관과 특별시·광역시·특별자치시·도·특별자치도의 교육감은 「유아교육법」 제2조 및 「초·중등교육법」 제2조에 따른 학교의 교원에 대하여 대통령령으로 정하는 바에 따라 다문화 이해교육 관련 연수를 실시하여야 한다. 〈신설 2017. 12. 12.〉

제6조(생활정보 제공 및 교육 지원) ① 국가와 지방자치단체는 결혼이민자등이 대한민국에서 생활하는데 필요한 기본적 정보(아동·청소년에

대한 학습 및 생활지도 관련 정보를 포함한다)를 제공하고, 사회적응교육과 직업교육·훈련 및 언어소통 능력 향상을 위한 한국어교육 등을 받을 수 있도록 필요한 지원을 할 수 있다. 〈개정 2011. 4. 4., 2016. 3. 2.〉

② 국가와 지방자치단체는 결혼이민자 등의 배우자 및 가족구성원이 결혼이민자등의 출신 국가 및 문화 등을 이해하는 데 필요한 기본적 정보를 제공하고 관련 교육을 지원할 수 있다. 〈신설 2017. 12. 12.〉

③ 국가와 지방자치단체는 제1항 및 제2항에 따른 교육을 실시함에 있어 거주지 및 가정환경 등으로 인하여 서비스에서 소외되는 결혼이민자 등과 배우자 및 그 가족구성원이 없도록 방문교육이나 원격교육 등 다양한 방법으로 교육을 지원하고, 교재와 강사 등의 전문성을 강화하기 위한 시책을 수립·시행하여야 한다. 〈신설 2011. 4. 4., 2017. 12. 12.〉

④ 국가와 지방자치단체는 제3항의 방문교육의 비용을 결혼이민자 등의 가구 소득수준, 교육의 종류 등 여성가족부장관이 정하여 고시하는 기준에 따라 차등지원할 수 있다. 〈신설 2015. 12. 1., 2017. 12. 12.〉

⑤ 국가와 지방자치단체가 제4항에 따른 비용을 지원함에 있어 비용 지원의 신청, 금융정보 등의 제공, 조사·질문 등은 「아이돌봄 지원법」 제22조부터 제25조까지의 규정을 준용한다. 〈신설 2015. 12. 1., 2017. 12. 12.〉

⑥ 결혼이민자등의 배우자 등 다문화가족 구성원은 결혼이민자등이 한국어교육 등 사회적응에 필요한 다양한 교육을 받을 수 있도

록 노력하여야 한다. 〈신설 2015. 12. 1., 2017. 12. 12.〉

⑦ 그 밖에 제1항 및 제2항에 따른 정보제공 및 교육에 필요한 사항은 대통령령으로 정한다. 〈개정 2011. 4. 4., 2015. 12. 1., 2017. 12. 12.〉

제7조(평등한 가족관계의 유지를 위한 조치) 국가와 지방자치단체는 다문화가족이 민주적이고 양성평등한 가족관계를 누릴 수 있도록 가족상담, 부부교육, 부모교육, 가족생활교육 등을 추진하여야 한다. 이 경우 문화의 차이 등을 고려한 전문적인 서비스가 제공될 수 있도록 노력하여야 한다.

제8조(가정폭력 피해자에 대한 보호 · 지원) ① 국가와 지방자치단체는 「가정폭력방지 및 피해자보호 등에 관한 법률」에 따라 다문화가족 내 가정폭력을 예방하기 위하여 노력하여야 한다. 〈개정 2011. 4. 4.〉

② 국가와 지방자치단체는 가정폭력으로 피해를 입은 결혼이민자 등을 보호 · 지원할 수 있다. 〈신설 2011. 4. 4.〉

③ 국가와 지방자치단체는 가정폭력의 피해를 입은 결혼이민자 등에 대한 보호 및 지원을 위하여 외국어 통역 서비스를 갖춘 가정폭력 상담소 및 보호시설의 설치를 확대하도록 노력하여야 한다. 〈개정 2011. 4. 4.〉

④ 국가와 지방자치단체는 결혼이민자 등이 가정폭력으로 혼인관계를 종료하는 경우 의사소통의 어려움과 법률체계 등에 관한 정보의 부족 등으로 불리한 입장에 놓이지 아니하도록 의견진술 및 사실확인 등에 있어서 언어통역, 법률상담 및 행정지원 등 필요한 서비스를 제공할 수 있다. 〈개정 2011. 4. 4.〉

제9조(의료 및 건강관리를 위한 지원) ①국가와 지방자치단체는 결혼이민자 등이 건강하게 생활할 수 있도록 영양 · 건강에 대한 교육, 산전 · 산

후 도우미 파견, 건강검진 등의 의료서비스를 지원할 수 있다. 〈개정 2011. 4. 4.〉

② 국가와 지방자치단체는 결혼이민자 등이 제1항에 따른 의료서비스를 제공받을 경우 외국어 통역 서비스를 제공할 수 있다. 〈신설 2011. 4. 4.〉

[제목개정 2011. 4. 4.]

제10조(아동 · 청소년 보육 · 교육) ① 국가와 지방자치단체는 아동 · 청소년 보육 · 교육을 실시함에 있어서 다문화가족 구성원인 아동 · 청소년을 차별하여서는 아니 된다. 〈개정 2015. 12. 1.〉

② 국가와 지방자치단체는 다문화가족 구성원인 아동 · 청소년이 학교생활에 신속히 적응할 수 있도록 교육지원대책을 마련하여야 하고, 특별시 · 광역시 · 특별자치시 · 도 · 특별자치도의 교육감은 다문화가족 구성원인 아동 · 청소년에 대하여 학과 외 또는 방과 후 교육 프로그램 등을 지원할 수 있다. 〈개정 2015. 12. 1.〉

③ 국가와 지방자치단체는 다문화가족 구성원인 18세 미만인 사람의 초등학교 취학 전 보육 및 교육 지원을 위하여 노력하고, 그 구성원의 언어발달을 위하여 한국어 및 결혼이민자 등인 부 또는 모의 모국어 교육을 위한 교재지원 및 학습지원 등 언어능력 제고를 위하여 필요한 지원을 할 수 있다. 〈개정 2013. 3. 22., 2015. 12. 1.〉

④ 「영유아보육법」 제10조에 따른 어린이집의 원장, 「유아교육법」 제7조에 따른 유치원의 장, 「초 · 중등교육법」 제2조에 따른 각급 학교의 장, 그 밖에 대통령령으로 정하는 기관의 장은 아동 · 청소년 보육 · 교육을 실시함에 있어 다문화가족 구성원인 아동 · 청소년이 차별을 받지 아니하도록 필요한 조치를 하여야 한다. 〈신설 2015. 12. 1.〉

[제목개정 2015. 12. 1.]

제11조(다국어에 의한 서비스 제공) 국가와 지방자치단체는 제5조부터 제10조까지의 규정에 따른 지원정책을 추진함에 있어서 결혼이민자등의 의사소통의 어려움을 해소하고 서비스 접근성을 제고하기 위하여 다국어에 의한 서비스 제공이 이루어지도록 노력하여야 한다.

제11조의2(다문화가족 종합정보 전화센터의 설치 · 운영 등) ① 여성가족부장관은 다국어에 의한 상담 · 통역 서비스 등을 결혼이민자 등에게 제공하기 위하여 다문화가족 종합정보 전화센터(이하 "전화센터"라 한다)를 설치 · 운영할 수 있다. 이 경우 「가정폭력방지 및 피해자보호 등에 관한 법률」 제4조의6 제1항 후단에 따른 외국어 서비스를 제공하는 긴급전화센터와 통합하여 운영할 수 있다.

② 여성가족부장관은 전화센터의 설치 · 운영을 대통령령으로 정하는 기관 또는 단체에 위탁할 수 있다.

③ 여성가족부장관은 전화센터의 설치 · 운영을 위탁할 경우 예산의 범위에서 그에 필요한 비용의 전부 또는 일부를 지원할 수 있다.

④ 전화센터의 설치 · 운영에 필요한 사항은 여성가족부령으로 정한다.

[본조신설 2013. 8. 13.]

제12조(다문화가족지원센터의 설치 · 운영 등) ① 국가와 지방자치단체는 다문화가족지원센터(이하 "지원센터"라 한다)를 설치 · 운영할 수 있다.

② 국가 또는 지방자치단체는 지원센터의 설치 · 운영을 대통령령으로 정하는 법인이나 단체에 위탁할 수 있다.

③ 국가 또는 지방자치단체 아닌 자가 지원센터를 설치 · 운영하고자 할 때에는 미리 시 · 도지사 또는 시장 · 군수 · 구청장(자치구의 구청장을 말한다. 이하 같다)의 지정을 받아야 한다.

④ 지원센터는 다음 각 호의 업무를 수행한다. 〈개정 2020. 5. 19.〉

1. 다문화가족을 위한 교육·상담 등 지원사업의 실시
2. 결혼이민자 등에 대한 한국어교육
3. 다문화가족 지원서비스 정보제공 및 홍보
4. 다문화가족 지원 관련 기관·단체와의 서비스 연계
5. 일자리에 관한 정보제공 및 일자리의 알선
6. 다문화가족을 위한 통역·번역 지원사업
7. 다문화가족 내 가정폭력 방지 및 피해자 연계 지원
8. 그 밖에 다문화가족 지원을 위하여 필요한 사업

⑤ 지원센터에는 다문화가족에 대한 교육·상담 등의 업무를 수행하기 위하여 관련 분야에 대한 학식과 경험을 가진 전문인력을 두어야 한다.

⑥ 국가와 지방자치단체는 제3항에 따라 지정한 지원센터에 대하여 예산의 범위에서 제4항 각 호의 업무를 수행하는 데에 필요한 비용 및 지원센터의 운영에 드는 비용의 전부 또는 일부를 보조할 수 있다. 〈개정 2016. 3. 2.〉

⑦ 제1항, 제2항 및 제3항에 따른 지원센터의 설치·운영 기준, 위탁·지정 기간 및 절차 등에 필요한 사항은 대통령령으로 정하고, 제5항에 따른 전문인력의 기준 등에 필요한 사항은 여성가족부령으로 정한다.

[전문개정 2012. 2. 1.]

제12조의2(보수교육의 실시) ① 여성가족부장관 또는 시·도지사는 지원센터에 두는 전문인력의 자질과 능력을 향상시키기 위하여 보수교육을 실시하여야 한다.

② 제1항에 따른 보수교육의 내용·기간 및 방법 등은 여성가족부령으로 정한다.

[본조신설 2012. 2. 1.]

제12조의3(유사명칭 사용 금지) 이 법에 따른 지원센터가 아니면 다문화가족지원센터 또는 이와 유사한 명칭을 사용하지 못한다.

[본조신설 2013. 8. 13.]

제13조(다문화가족 지원업무 관련 공무원의 교육) 국가와 지방자치단체는 다문화가족 지원 관련 업무에 종사하는 공무원의 다문화가족에 대한 이해증진과 전문성 향상을 위하여 교육을 실시할 수 있다.

제13조의2(다문화가족지원사업 전문인력 양성) ① 국가 또는 지방자치단체는 다문화가족지원 및 다문화 이해교육 등의 사업 추진에 필요한 전문인력을 양성하는 데 노력하여야 한다.

② 여성가족부장관은 제1항에 따른 전문인력을 양성하기 위하여 대통령령으로 정하는 바에 따라 대학이나 연구소 등 적절한 인력과 시설 등을 갖춘 기관이나 단체를 전문인력 양성기관으로 지정하여 관리할 수 있다.

③ 국가 또는 지방자치단체는 제2항에 따라 지정된 전문인력 양성기관에 대하여 예산의 범위에서 필요한 경비의 전부 또는 일부를 지원할 수 있다.

④ 제2항에 따른 전문인력 양성기관의 지정 기준 및 절차 등은 대통령령으로 정한다.

[본조신설 2012. 2. 1.]

제14조(사실혼 배우자 및 자녀의 처우) 제5조부터 제12조까지의 규정은 대한민국 국민과 사실혼 관계에서 출생한 자녀를 양육하고 있는 다문

화가족 구성원에 대하여 준용한다.

제14조의2(다문화가족 자녀에 대한 적용 특례) 다문화가족이 이혼 등의 사유로 해체된 경우에도 그 구성원이었던 자녀에 대하여는 이 법을 적용한다.

[본조신설 2013. 8. 13.]

제15조(권한의 위임과 위탁) ① 여성가족부장관은 이 법에 따른 권한의 일부를 대통령령으로 정하는 바에 따라 시·도지사 또는 시장·군수·구청장에게 위임할 수 있다. 〈개정 2010. 1. 18., 2011. 4. 4., 2012. 2. 1.〉

② 국가와 지방자치단체는 이 법에 따른 업무의 일부를 대통령령으로 정하는 바에 따라 비영리법인이나 단체에 위탁할 수 있다.

제15조의2(정보 제공의 요청) ① 여성가족부장관 또는 지방자치단체의 장은 이 법의 시행을 위하여 필요한 경우에는 법무부장관에게 다음 각 호의 정보 중 결혼이민자 등의 현황 파악을 위한 정보로서 대통령령으로 정하는 정보의 제공을 요청할 수 있다. 이 경우 지방자치단체의 장은 해당 관할구역의 결혼이민자 등에 관한 정보에 한정하여 요청할 수 있다.

1. 「재한외국인 처우 기본법」 제2조 제3호에 따른 결혼이민자의 외국인 등록 정보

2. 「국적법」 제6조 제2항에 따라 귀화허가를 받은 사람의 귀화허가 신청 정보

② 제1항에 따라 정보의 제공을 요청받은 법무부장관은 정당한 사유가 없으면 이에 따라야 한다.

③ 제1항에 따라 정보를 제공받은 여성가족부장관 또는 지방자치단체의 장은 제공받은 정보를 제12조 제1항·제3항에 따른 지원센터

에 제공할 수 있다.

[본조신설 2012. 2. 1.]

제16조(민간단체 등의 지원) ① 국가와 지방자치단체는 다문화가족 지원 사업을 수행하는 단체나 개인에 대하여 필요한 비용의 전부 또는 일부를 보조하거나 그 업무수행에 필요한 행정적 지원을 할 수 있다.

② 국가와 지방자치단체는 결혼이민자 등이 상부상조하기 위한 단체의 구성·운영 등을 지원할 수 있다.

제17조(과태료) ① 제12조의3을 위반한 자에게는 300만 원 이하의 과태료를 부과한다.

② 제1항에 따른 과태료는 대통령령으로 정하는 바에 따라 여성가족부장관 또는 지방자치단체의 장이 부과·징수한다.

[본조신설 2013. 8. 13.]

부칙 〈제17281호, 2020. 5. 19.〉

제1조(시행일) 이 법은 공포한 날부터 시행한다.

제2조(다문화가족정책에 관한 기본계획에 관한 적용례) 제3조의2 제4항의 개정규정은 이 법 시행 후 최초로 여성가족부장관이 수립하는 기본계획부터 적용한다.

참고문헌

〈국내 문헌〉

강성률(2009). 가족 및 사회적 지지가 다문화가정 자녀의 심리사회적 적응에 미치는 영향. 위덕대학교 사회복지학대학원 석사학위논문.

구정화 · 박윤경 · 설규주(2018). **다문화교육의 이해와 실천**. 정민사.

김경근(2006). 한국 중등교육의 수월성과 평등성의 조화를 위한 과제. **교육학연구**, 44(1), 1-21.

김명희(2019). 중앙아시아 이주노동자의 한국생활 적응에 관한 사례연구. 경인교육대학교 교육전문대학원. 석사학위논문.

김민정(2012). 다문화여성의 사회적 관계망 분석. **한국생활과학회지**, 21(3), 469-488.

김범수 · 서은주 · 손병돈 · 정재훈 · 조석연 · 최현미 · 신승연 · 최승희(2010). **다문화사회복지론**. 양서원.

김보기 · 박미란 · 권붕 · 김덕선 · 김향미(2016). **최신 사회문제론**. 양서원.

김보기 · 정서영 · 박정화 · 박종란 · 이명옥(2020). **상담이론과 실제**. 하나의학사.

김보기 · 김기명 · 김안식 · 이기원 · 임후남 · 정예진(2022). **사회복지와 문화다양성**. 동문사.

김보람(2012). 한국 가족패러다임의 변화에 따른 가족복지실천에 관한 연구. 남서울대학교 대학원 석사학위논문.

김선녀(2013). 한국 이주 몽골인의 문화적 역량과 문화적응스트레스의 관계: 사회적지지의 조절효과를 중심으로. 서울기독대학교 대학원. 박사학위논문.

김수희 · 전성희(2012). 다문화가정 자녀의 다문화적 특성에 따른 학교생활적응. **아동가족치료연구**, 10, 53-67.

김양미(2020). **사례와 법제로 살펴보는 다문화사회와 문화다양성**. 지식공동체.

김유경 · 최현미 · 김가희 · 성수미(2012). 다문화가족의 변화와 사회적 대응방안 연구. 연구보고서 2012-41. 한국보건사회연구원.

김이선 · 마경희 · 선보영 · 최호림 · 이소영(2010). 다문화가족의 해체 문제와 정책

과제. 연구보고(Vol. 2010-02). 여성가족부.

김이선·정해숙·이정덕(2010). 다민족·다문화사회로의 이행을 위한 정책 패러다임 구축(IV): 생산적 다문화사회 구현을 위한 정책의 질적 도약 기반 구축. 경제 인문사회연구회 협동연구총서 (Vol. 10-27-01). 한국여성정책연구원.

김익균(2000). **가족복지론**. 교문사.

김용환·김태경·신미애·양정안·이상민·이순비·이태자(2019). **가족복지론**. 동문사.

김혜경·도미향·문혜숙·박충선·손흥숙·오정옥·홍달아기(2011). **가족복지론**. 공동체.

박경동(2007). 다문화가족 형성과 갈등에 대한 연구: 한국의 광주전남지역 사례를 중심으로. 전남대학교 대학원 석사학위논문.

박채복(2007). 독일의 이주자정책: 사회적 통합과 배제의 딜레마. **한독사회과학논총, 17**(1), 293-319.

박태영(2003). **가족생활 주기와 가족치료**. 학지사.

법무부(2018). 제3차 외국인정책 기본계획(2018년~2022년).

서종남(2010). **다문화교육: 이론과 실제**. 학지사.

설동훈·김윤태·김현미·윤홍식·이혜경·임경택·정기선·주영수·한건수(2005). **국제결혼 이주여성 실태 조사 및 보건복지 지원 정책방안. 보건복지부 용역과제**. 보건복지부.

성정현·여지영·우국희·최승희·임세희(2017). **가족복지론**. 양서원.

신재흡(2021). **글로벌 시대의 문화다양성을 위한 다문화사회와 교육**. 동문사.

안경식·김동광·김향은·김회용·박천응·이철호·장인실(2008). **다문화교육의 현황과 과제**. 학지사.

안진숙·조경자(2021). **한국사회의 다문화현상 이해**. 동문사.

안진숙(2021). **이민·다문화가족복지론**. 동믄사.

여성가족부(2016). 2015년 전국다문화가족실태조사.

여성가족부(2018). 제3차 다문화가족정책 기본계획.

여성가족부(2019). 2018년 전국다문화가족실태조사.

여성가족부(2020). 2020년 다문화가족정책 시행계획.

여성가족부(2022). 2021년 전국다문화가족실태조사.

여성가족부(2023). 제4차 다문화가족정책 기본계획.

오성배(2005). 코시안 아동의 성장과 환경에 관한 사례연구. **한국교육**, 32(3), 61-83.

오은순(2009). 다문화사회에서의 학교교육. **젠더리뷰**, 13.

유영주, 김순옥, 김경신(2009). **가족관계학**. 교문사.

이승림(2018). 인권침해가 이주노동자의 삶의 질에 미치는 영향 연구. 중부대학교 대학원 박사학위논문.

이영실 · 김재경 · 김봉순 · 박용권 · 조명희 · 홍성희(2012). **가족복지론**. 양서원.

이영주(2007). 다문화가정 아동의 심리사회적 적응에 영향을 미치는 요인에 관한 연구. 공주대학교 대학원 박사학위논문.

이정선 · 광주교육대학교 초등학교문화연구소(2010). 초등학교 다문화교육의 이해: 이론과 실제. 동문사.

이정환(2010). 이주자 사회통합 정책교육: Volume IV, 다문화 사회의 시민 교육, IOM 이민정책연구원 이주교육 시리즈 No. 2010-04. IOM이민정책연구원.

이재분(2009). 학교에서의 다문화가족 교육지원 실태 및 요구조사 연구보고. 한국교육개발원, 16-36. RR 2009-12-2.

이향만(2015). 변화하는 가족시대의 가족에 대한 인문학적 성찰. 인문정책연구총서 2015-09. 경제 · 인문사회연구회.

임신웅(2020). **새로운 다문화사회의 이해**. 교육과학사.

임형백(2009a). 한국과 서구의 다문화 사회의 차이와 정책 비교. **다문화사회연구**, 2(1), 161-192.

임형백(2009b). 한국의 다문화사회의 특징과 사회통합을 위한 다층적 접근. **한국사회학회 사회학대회 논문집**, 2009, 593-609.

임형백(2009c). 한국의 도시지역과 농촌지역 다문화사회 차이와 정책 차별화 연구. **한국지역개발학회지**, 21(1), 51-74.

장명숙(2020). 북한이탈주민의 성격특성과 창업역량이 고객지향성, 직무만족 및 외식창업의도에 미치는 영향. 청운대학교 대학원 석사학위논문.

장수한 · 김현주 · 임혁(2017). **인간행동과 사회환경**. 공동체.

장서영 · 김이선 · 이로미 · 장인자 · 유지영(2009). 여성결혼이민자 취업지원 프로그램 개발을 위한 기초연구. 한국고용정보원.

장은정(2007). 국제결혼한 한국남성의 결혼적응에 관한 연구. 중앙대학교 대학원 박사학위논문.

전숙자·박은아·최윤정(2009). **다문화사회의 새로운 이해**. 그린.

정기선·김영혜·박경은·이은아·박지혜·이승애·이지혜(2007). 경기도 내 국제결혼 이민자가족 실태조사. 정책보고서 2007-02. 경기도가족여성개발원.

정태석·비판사회학회(2014). **사회학**. 한울아카데미.

정창수·정기선·차종천(1997). **산업화과정에서의 한국가족의 실태와 전망 – 미국가족과의 비교 분석**. 집문당.

정현숙·유계숙(2001). **가족관계**. 신정출판사.

조경자·안진숙·조은미(2017). **유아 교사를 위한 다문화교육의 이해**. 정민사.

조영달·윤희원·박상철·최인영(2006). **다문화가정의 자녀교육 실태조사 연구보고**. 교육인적자원부.

조원탁·박순희·서선희·송기범·안효자·이형하·한신애(2020). **다문화사회와 다양성**. 양서원.

조은(1995). 지역정보산업과 여성노동. **한국여성학회, 제11집**, 138-168.

조혜영(2013). 한국사회 다문화교육 주요 이슈에 대한 고찰: 이주민의 요구를 중심으로. **다문화교육연구, 6**(4), pp. 1-25.

조흥식·김인숙·김혜란·김혜련·신은주(1997). **가족복지학**. 학지사.

지종화·정명주·김도경(2009). 한국의 다문화 국가 현상과 새로운 정책모형, **지방정부연구, 13**(2), 109-136.

최경석·김양희·김성천·김진희·박정윤·윤정향(2000). **한국가족복지의 이해**. 인간과복지.

최명민·이기영·최현미·김정진(2015). **다문화사회복지론**. 학지사.

최선화·박광준·황성철·안홍순·홍봉선(2014). **사회문제와 사회복지**. 양서원.

최옥채·박미은·서미경·전석균(2015). **인간행동과 사회환경**. 양서원.

최충옥·경기도다문화교육센터(2010). **다문화교육의 이론과 실제**. 양서원.

최홍·이동원·박준(2010). 다문화사회 정착과 이민정책. CEO Information (Vol. 756). 서울삼성경제연구소.

탁순자(2004). 가족복지의 관점에서 본 재가노인복지. 광운대학교 정보복지대학원 석사학위논문.

통계청(2020). 2019년 혼인·이혼 통계.

홍기원·백영경·노명우·이재은·정보원(2006). 다문화정책의 방향과 문화적 지원 방안 연구. 한국문화관광정책연구원.

〈외국 문헌〉

Barrett, M., & McIntosh, M. (1980). The 'family wage': some problems for socialists and feminists. *Capital & Class, 4*(2), 51-72.

Barro, R(1992). Regional Growth and Mgrarion: A Japan-United States Comparison. *Journal of the International and Japanese Economies, 6,* 312-346.

Berry, J. W., & Sam, D. L.(1997). Acculturation and adaptation. In J. W. Berry, M. H. Segall, & C. Kagitcibasi (Eds.), *Handbook of cross-cultural psychology(2nd ed.), Vol. 3*, 291-326. Boston: Allyn and Bacon.

Carter, E. A., & McGoldrick(1988). *The changing family life cycle: Framework for family therapy*. Boston: Allyn & Bacon.

Carter, E. A., & McGoldrick(2000). (Eds.), *The Family life cycle: A framework for family therapy*. New York: Gardner Press.

Florida, R(2002). *The Rise of the Creative Class*. Basic Books.

Goldenberg, I., & Goldenberg, H.(1988). *Family Therapies*.

Inglis(2009). The Contribution of Multicultural Policies to Social Integration. Ansan Multicultural Forum September: 9-11.

Moore, W. (1978). Functiomlism, in Tom Bottornore ad Robert Nisbet (EDs.). *A History of Sociological Analysis*. New York: Basic Books.

Murdock, G. O.(1949). *Social Structure*. New York: MacMillan.

Pang, V. O.(2005). *Multicultural Education: A caring-centered, reflective approach(2nd, ed.)*. New York: McGraw-Hill.

Parsons, T. (1949). The Kinship system of contemporary United States. in T. Parsons (ed.). *Essays in Sociology*. New York: Free Press.

Parsons, T. (1960). *Structure and Process in Modern Societies*. New York: Free

Simmel, G. (2017). 짐멜의 갈등론(정헌주 역). 간디서원.

Storey, J.(1996). *Cultural Studies and the Study of Popular Culture: Theories and Methods*. Edinburgh: Edinburgh University Press, Paperback.

〈인터넷 사이트〉

교육부 www.moe.go.kr

국가법령정보센터 www.law.go.kr

국회입법조사처 www.nars.go.kr

다음사전 www.daum.net

보건복지부 www.mohw.go.kr

여성가족부 www.mogef.go.kr

통계청 kostat.go.kr/

한국민족문화대백과사전 encykorea.aks.ac.kr/

행정안전부 www.mois.go.kr/

저자소개

김윤배 교수

건국대학교 일반대학원 졸업 (사회복지학박사)

전) 문화관광부 국제청소년문화교류 말레이시아파견단 청소년 대표

전) 사회복지공동모금회 기획사업 전문위원회 간사

전) 서울시 등촌1종합사회복지관 과장

현) 서영대학교 교수

다문화가족의 이해

초판 1쇄 발행 / 2023년 3월 7일
초판 2쇄 발행 / 2024년 4월 5일

●

저 자 / 김 윤 배
발행인 / 이 중 수
발행처 / 동 문 사

●

서울특별시 서대문구 홍제원 1길 12
(홍제동 137-8)
Tel: 02)736-3718(대), 736-3710, 3720
Fax: 02)736-3719
등록번호: 1974.04.27. 제9-17호
가격: 18,000원

●

ISBN: 979-11-6328-510-6 (93330)
E-mail: dong736@naver.com
www.dongmunsa.com